禪者的初心

鈴木俊隆　著
駱香潔　譯

InSpirit 29

禪者的初心

作　　者　鈴木俊隆
譯　　者　駱香潔

社　　長　張瑩瑩
總 編 輯　蔡麗真
主　　編　徐子涵
專業校對　魏秋綢
行銷經理　林麗紅
行銷企畫　李映柔
封面設計　萬勝安
內頁排版　洪素貞

出　　版　自由之丘文創事業
發　　行　遠足文化事業股份有限公司
　　　　　地址：231 新北市新店區民權路 108-2 號 9 樓
　　　　　電話：（02）2218-1417　傳真：（02）8667-1065
　　　　　電子信箱：service@bookrep.com.tw
　　　　　網址：www.bookrep.com.tw
　　　　　郵撥帳號：19504465 遠足文化事業股份有限公司
　　　　　客服專線：0800-221-029
法律顧問　華洋法律事務所 蘇文生律師
印　　製　博客斯彩藝有限公司
二　　版　2024 年 4 月

ISBN　9786269764-98(平裝)

國家圖書館出版品預行編目（CIP）資料

禪者的初心：賈伯斯的禪學入門聖經，用正念找回內在平靜，踏上靈魂尋覓之旅 / 鈴木俊隆著；駱香潔譯. -- 二版. -- 新北市：自由之丘文創事業出版：遠足文化事業股份有限公司發行, 2024.04
　面；　公分. -- (InSpirit ; 29)
譯自：Zen mind, beginner's mind
ISBN 978-626-97641-9-8(平裝)

1.CST: 禪宗 2.CST: 佛教修持 3.CST: 超覺靜坐

225.72　　113005363

獻給我的老師

玉潤祖溫大和尚

目次

序言：初心　11

第一部：正確的修行　15

坐禪的姿勢　16
呼吸　22
控制　27
心的波動　32
心中的雜草　35
禪的精髓　39
放下二元思維　44

叩首 49
平凡無奇的力量 54

第二部：正確的態度 59

專一之道 60
重複、重複、再重複 65
禪與興奮感 69
正確的努力 72
不留痕跡 77
上帝的施予 83
修行的幾種錯誤 89
限制你的行動 95
研究自己 98

磨磚成鏡　104
堅定　111
溝通　116
正面與反面　122
涅槃、瀑布　127

第三部：正確的領悟　133

傳統禪宗精神　134
無常　140
存在的本質　144
自然　149
虛空　154
智慧就是正念　160

相信虛空 164
執念與無執 169
平靜 174
佛法是體會，不是哲學 177
原始佛教 181
超越妄念 186
佛陀的開悟 192

結語

禪心 193

「尋找智慧的，正是智慧。」

序言：初心

「禪修初學者的心裡有多種可能性，有經驗的禪修者反而沒有。」

禪修不難，難在初心

大家都說禪修很難，其實是他們對於禪修的難處有所誤解。禪修之難，不在於盤腿坐姿或是開悟，而是難在從根本上保持身心言行的清淨（pure）。禪宗在中國誕生之後發展出諸多面貌，但與此同時也變得愈來愈不清淨。我想談的不是中國的禪宗或禪宗歷史。我想做的是幫助大家避開不清淨的禪修之路。

日本有個詞叫「初心」，意思是「初學者的心」。禪修的目標就是始終保持初心。假設你把《般若波羅蜜多心經》念誦一遍，可能會感覺還不錯，但若是念誦兩遍、三遍、四遍或更多遍，會怎麼樣呢？你可能會失去第一次的態度。其他的禪修練習也是一樣的。剛開始還能保有初心，但持續禪修一年、兩年、三年或更久，雖然會有進步，卻很容易失去初心的無限可能性。

放空的心，即是初心

對禪修的學生來說，最重要的學習是不要陷入非黑即白的二元思維。所有的答案都在我們的「初心」裡。初心始終是豐富而充足的。你不應該失去這種自給自足的心靈狀態。這意思不是要你把心封閉起來，而是要把心放空，做好接納的準備。放空的心是包容的心，對一切來者不拒。禪修初學者的心裡有多種可能性，有經驗的禪修者反而沒有。

如果你有太多分別心，就會限制自己。如果你太過苛求或貪婪，就不會有豐富而充足的心。失去自給自足的初心，就會將戒律拋諸腦後。當你的心變得苛求、有所渴望時，你會觸犯自己的戒律：不可說謊、不可偷盜、不可殺生、不可違反道德等等。保持初心，自能守好戒律。

初學者心中沒有「我已達成什麼」的念頭。凡事以自我為中心的想法，會讓恢弘的心變得狹隘。只要不去想成就，不去想自我，我們都是真正的初學者。如此，我們才能真正地學習。初心是慈悲心。慈悲的心無邊無際。將曹洞宗引入日本的道元禪師一再強調，恢復無限的初心非常重要。唯有如此，我們才能坦然面對自己，同情眾生，真正開始修行。

所以，保持初心是最難的一件事。你不需要對禪學有深刻的理解。就算你博覽禪學文獻，也必須懷抱初見的心閱讀每一句話。你不應該說：「我知道什麼是禪」或「我已經開悟」。這也是真正的禪修祕訣：永遠當個初學者。務必要把這一點謹記於心。等你開始坐禪之後，你會知道初心的可貴。這是禪修的祕訣。

第一部

正確的修行

「坐禪能直接表現你的真實本性。
嚴格說來，對人類而言，
這是修行的不二法門，沒有其他；
這是唯一的生活方式，沒有其他」。

坐禪的姿勢 Posture

「外在的姿態不是進入正確心靈狀態的手段。這種坐姿本身就是一種正確的心靈狀態。無須再去追求特定的心靈狀態。」

接下來，我想聊一聊坐禪的姿勢。當你結全蓮花坐時（亦稱跏趺坐），是將左腳放在右大腿上，右腳放在左大腿上。這樣的盤坐雖然是由右腿和左腿結成，其實雙腿已融合為一。這個姿勢表現出二元性中的一體性：不是分開的兩個，也不是單獨的一個，非一非二。這是最重要的功課：非一非二。我們的身與心就是非一非二。

如果你認為身和心是分開的兩種東西，那就錯了。如果你認為它們是同一種東西，那也是錯的。我們的身和心亦一亦二。我們經常認為一樣東西如果不是單一的，那必然多於一。不是單數，就是複數。但是在實際的經驗中，我們的生命既是複數，也是單數。我們每一個人都是既依賴又獨立。

若干年後，我們都將死去。把死當成生命的結束是錯誤的理解。但是，從另一方面來說，認為自己不會死也是錯的。我們既會死，也不會死，這才是正確的理解。有些人會說，我們的思想或靈魂永遠不滅，只有肉體會消亡。這也不盡然正確，因為身與心都有盡頭。儘管如此，身與心確實也是永恆的存在。雖然我們把身與心分開來說，其實它們就像一枚硬幣的兩面。這才是正確的理解。結全蓮花坐的時候，這個姿勢就象徵這個真理。當我的左腳放在身體右側，右腳放在身體左側，我無法區分它們之間的差別。所以左可以是右，右也可以是左。

坐姿、儀態、手印

坐禪最重要的姿勢是脊椎挺直。雙耳與雙肩落在同一條線上。肩膀放鬆，後腦勺朝著天花板的方向往上推。收下巴，如果你不收好下巴，姿勢會沒有力量。另外，橫膈膜朝丹田下壓，姿勢才會有力，這能幫助你維持身心平衡。保持這個姿勢，剛開始可能會有點呼吸不暢，習慣之後就能自然地深深呼吸了。

雙手應結「禪定印」。手掌朝上，左手在上，右手在下，雙手的中指關節貼在一起，兩隻拇指輕觸彼此（想像拇指中間夾著一張紙），這樣就能形成一個漂亮的橢圓。要以謹慎的態度結印，彷彿手裡捧著非常珍貴的東西。結印的手輕輕靠在身上，拇指約與肚臍同高。雙臂自在放鬆，但不要碰到身體，想像手臂跟身體之間有一顆雞蛋，你不能夾破它。

身體不應往兩側、後方或前方傾斜。端正坐直，想像天空得靠你的頭撐著才不會塌下來。這不僅僅是姿勢與呼吸。這表現出佛教的奧義，是你佛性的完美表現。如果你想真正理解佛教，你應該用這種方式練習。外

©mamewmy @ www.freepik.com

在的姿態不是進入正確心靈狀態的手段。坐姿本身就是練習的目的。使用這種坐姿就是處於正確的心靈狀態，無須再去追求特定的心靈狀態。若心中有所求，心思會漸漸遊蕩到其他地方。無欲無求，才能感受當下的身與心。禪師會說：「逢佛殺佛！」心思遊蕩他處時遇到佛，就把佛殺掉。殺了祂，你才能找回自己的佛性。

我們做事就是在表達本性。我們不為了其他事物存在，只為了自己存在。這個基本觀念表現在我們遵循的姿態裡。如同坐姿，在禪堂裡站立也有規定。但這些規定不是為了把大家同化，而是為了讓每一個人用最自在的方式表達自己。舉例來說，我們站立的方式各有不同，身體比例會影響我們的站姿。當你站著的時候，腳跟之間的距離應與你的一拳同寬，雙腳拇趾分別對齊雙乳中心點。和坐禪時一樣，腹部發力。同樣地，用雙手表達自己。左手四指包住拇指握拳，靠在胸前，再用右手包住左手。左手拇指朝下，雙手前臂與地面平行，想像你抱著一根圓柱——是寺廟裡的那種大圓柱——所以你不會被推倒，也不會失去平衡。

端正姿勢，端正心態

重點是掌握自己的身體。彎腰駝背會令你胡思亂想。你的心思會到處遊蕩，無法存在在自己的身體裡。這是不對的。我們必須存在於此時此地！這是關鍵。你必須掌握自己的身與心，一切都應該以正確的方式，存在於正確的地方。這樣就不會有問題。如果我講話時用的麥克風跑到別的地方，它就無法發揮作用。把身與心都整理好，周遭的一切也會以正確的方式，存在於正確的地方。

不過，我們常常在沒有自覺的情況下試圖改變己身以外的事，我們想要整理外在的東西。可是，如果你連自己都沒有整理好，就不可能整理其他東西。只要用正確的方式、在正確的時間做事，其他事情也會井井有條。你是「老大」。老大打瞌睡，大家也跟著打瞌睡。老大做正確的事情，大家也會跟著在正確的時間、做正確的事情。這是佛教的奧義。

所以，時時刻刻都要保持姿勢端正，不只是在坐禪的時候，從事任何活動都是如此。端正地開車，端正地閱讀。如果用懶洋洋的姿勢看書，你很快就睡著了。試試看吧。你會發現，保持姿勢端正有多重要。這才是真正的學習。藉由文字學習並不是真正的學習。以文字學習像是為大腦提供食物。你的大腦當然需要一些食物，但實踐正確的生活方式來做自己更加重要。

這就是為什麼佛陀無法接受他的年代所存在的其他宗教。他研究過許多宗教，卻對它們的作法都不甚滿意。他無法在苦行主義與各種哲理中找到答案。他感興趣的不是某種形而上的存在，而是此時此地、他自己的身與心。當他找到自己，他發現萬事萬物皆有佛性。這是他的開悟。開悟不是什麼高興的心情，也不是某種具體的心靈狀態。端正坐好的心靈狀態本身就是覺悟。如果坐禪的心靈狀態滿足不了你，這表示你的心仍在遊蕩。我們的身與心不應該左右搖擺或四處遊蕩。端正坐好就沒有必要討論正確的心靈狀態。你已經身處其中了。這是佛法的結論。

呼吸 Breathing

「我們所說的『我』是一扇雙向門，這扇門隨著我們的呼吸開闔。」

坐禪時，心與呼吸緊緊相隨。吸氣把空氣吸進內在世界，呼氣把空氣排入外在世界。內在世界無拘無束，外在世界也一樣。雖然我們說「內在世界」和「外在世界」，但實際上只有一個完整的世界。在這個無拘無束的世界裡，我們的喉嚨如同一扇雙向都能推開的門。空氣的進出，就像有人推開這扇門進出。如果你想的是「我在呼吸」，這裡的「我」是多餘的。能讓你說「我」的「你」並不存在。我們所說的「我」是一扇雙向門，這扇門隨著我們的呼吸開闔。它只是開開闔闔，如此而已。當你的心清淨安靜到能夠覺察這扇門的開與闔，會發現這裡什麼也沒有：沒有「我」，沒有世界，沒有身也沒有心；只有一扇門。

關注呼吸，覺察宇宙

坐禪時僅有的動作是呼吸，但我們對這個動作是有覺察的。你不應該心不在焉。不過，覺察這個動作的意思不是覺察你的小我（small self），而是覺察你的普世本性（universal nature），也就是佛性。這樣的覺察非常重要，因為我們通常只看到一面。我們對生命的理解常常是二元的：你與我、這個與那個、好與壞。但實際上這些分別心本身都是對普世存在（universal existence）的覺察。「你」指的是以你的形態去覺察宇宙，而「我」指的是以我的形態去覺察宇宙。你和我都是一扇雙向門。我們需要有這樣的領悟。這甚至不應該稱之為領悟，而是透過禪修去真正體驗生命。

坐禪應當忘卻時空

坐禪的時候，時間與空間的概念並不存在。你或許會說：「我們從五點四十五分開始在這個房間裡打坐。」這會給你時間的概念（五點四十五分），以及空間的概念（這個房間）。但其實你所做的，只是坐著覺察普世活動（universal activity），如此而已。

這一刻門往這個方向打開，下一刻它將往反方向打開。每時每刻，我們每一個人都在重複這個動作。這個地方沒有時間概念，也沒有空間概念。時間與空間同為一體。你可能會說：「我今天下午有事要做。」但其實「今天下午」並不存在。我們只不過是先做這件事，再做那件事，一件接著一件。如此而已。

「今天下午」、「一點鐘」、「兩點鐘」，諸如此類的時間並不存在。你將在一點鐘吃午餐，吃午餐本身就是一點鐘。你會在某個地方吃午餐，而這個地方與一點鐘也無法分開。對能夠真正體會生命的人來說，它們都是同一件事。但是當我們對生命感到厭倦時，我們會說：「早知道不要來這裡。換個地方吃午餐會好得多。這個地方不太好。」你在心中創造了一個與真實時間分離的空間概念。

不做也是做

或許你會說：「這件事很糟糕，我不該做這件事。」其實當你說出「我不該做這件事」的那一刻，你正在做的事就是「不做」。因此，你別無選擇。當你把時間與空間的概念分開，你會以為自己握有選擇，但實際上你只能「做」或「不做」。「不做」本身也是一種「做」。

好與壞只存在於你心中。所以我們不該說「這是好事」或「這是壞事」。你應該說這件事我「不做」！如果你認為「這是壞事」，這會使你心中產生困惑。在純粹的宗教範疇裡，時間與空間、好與壞是很明確的。我們應該做的是把來到面前的事做好。就做吧！不管是什麼事，我們都應該好好做，就算是「不做」也一樣。我們應該活在當下。所以打坐時，我們專注呼吸，我們變成一扇雙向門。我們做該做的事，做必須做的事。這就是禪修。在這樣的修行裡，沒有困惑。能夠這樣過日子，心中不會有任何困惑。

獨立於萬物，同時依賴於萬物

著名禪師洞山良价曾說：「青山白雲父，白雲青山兒，白雲終日倚，青山總不知。」這是一種純粹的、通透的生命詮釋。世上有許多關係也像白雲和青山一樣：男與女、老師與弟子。他們互相依賴。但是白雲不應該被青山打擾。青山不應該被白雲打擾。雙方既是獨立的，也是依賴的。這是我們生活的方式，也是我們坐禪的方式。

當我們成為真正的自己時，我們只是成為一扇雙向門，完全獨立於萬物，也同時依賴萬物。沒有空氣，我們不能呼吸。每一個人都生活在無數個世界之中。我們時時刻刻都處於世界的中心。完全依賴，也完全獨立。如果你有這樣的經驗、這樣的存在，就擁有絕對的獨立；任何事都打擾不了你。坐禪的時候，心應該專注在呼吸上。這種活動是普世存在（universal being）的基本活動。少了這種經驗、這種修行，就不可能達到絕對的自由。

控制 Control

「給羊或牛一片寬敞的草地，就是控制牠們的方法。」

要活在佛性的國度裡，便意味著小我會隨著每一刻漸漸死去。我們失去平衡時會死，但與此同時也提升了自己，成長茁壯。我們看到的一切都正在變化，正在失去平衡。一切看起來之所以美好，是因為雖然失去了平衡，但背景總是完美和諧。這就是萬事萬物存在於佛性國度的情況，在完美平衡的背景前失去平衡。如果你不明白背景裡的佛性，你會覺得眼前的萬事萬物都在受苦。如果你明白存在的背景，你會知道受苦本身就是我們的生活方式，也是我們延展生命的方式。禪學有時候會強調生命的失衡或失序。

不要控制他人，觀察即可

如今日本的傳統繪畫已流於形式、沒有生氣。正因如此，現代藝術逐漸蓬勃。古代畫家會練習在紙上以充滿藝術感的手法畫雜亂無序的點，這其實非常難。因為就算你想亂畫，仍會產生某種秩序。你以為自己能夠掌控，其實不行。你幾乎不可能用無序的方式在紙上亂點。日常生活亦是如此。

即使你想要控制別人，也是不可能的。你做不到。控制別人最好的方式，就是鼓勵他們不聽話。如此一來，他們會更以廣義的方式接受控制。給羊或牛一片寬敞的草地，就是控制牠們的方法。控制人類也是一樣的道理：先讓他們做自己想做的事，然後觀察他們。這是最好的作法。完全不理他們也不好，這是最糟糕的作法。第二糟糕的作法是試圖控制他們。最好的作法是從旁觀察，只是觀察，不要試圖出手控制。

不要控制自己，任雜念來去

同樣的方法也適用在你自己身上。如果你想在坐禪的時候得到完全的平靜，就不該被腦中出現的各種畫面打擾。任它們來，任它們去。如此，它們就能受到控制。但這種作法並不容易。聽起來很容易，其實需要花一些特別的力氣。這種力氣怎麼花，就是坐禪的祕訣。

假設你在某種特殊的情況下坐禪，想要平心靜氣卻做不到，這時若試圖趕走心中的煩擾，這樣的努力不會是正確的努力。唯一能幫你靜心的努力是數息，也就是專注於每一次的呼氣與吸氣。我們使用「專注」這個詞，但其實全神貫注於特定的目標上，並非禪學真義。禪學的真義是看見事物的本來面目，觀察它們的本來面目，任一切自如發展。這是最廣義的控制。

禪修的目的是打開狹隘的心（small mind）。「專注」只是用來幫助你體悟「恢弘的心」（big mind），也就是萬有之心。如果你想在日常生活中探索禪的真義，就必須了解坐禪時為什麼必須專注呼吸，必須端正坐姿。你應該遵循禪修的規則，修行也應是愈修愈微妙精細。唯有如此，你才能體會到禪裡的終極自由。

體感的時間從現在流向過去

道元禪師說：「時間從現在流向過去。」看似荒謬，但有時在禪修的過程中確實會有這樣的感受。時間不是從過去流向現在，而是從現在流向過去。中世紀的日本，有位名叫源義經的知名武士。當時國家動盪，他被派往北方省分平亂身亡。動身前，他向愛妾道別。不久之後，她在詩中寫道：「唯願過往變今日，如線軸逆轉、放開紗線。」她說的這些話，就是把過去變成了現在。她心中的往日有了生命，變成現在。所以道元禪師說「時間從現在流向過去」，這句話在邏輯思考中雖然不成立，卻是真真切切的體驗。我們於是有了詩歌，有了身而為人的生命。

切身體驗這個真理，表示我們明白了時間的真諦。時間從往昔流向今日，從今日流向未來，永不停歇。確實如此。但時間也會從未來流向今日，從今日流向往昔。有位禪師曾說：「東行一里即是西行一里。」這是無上的自由。我們應該追求這種徹底的自由。

但是沒有規則，就沒有徹底的自由。人（尤其是年輕人）以為自由就是隨心所欲，禪修不需要規則。其實規則對禪修來說絕對有其必要。但這意思不是時時受到控制。遵循規則才有機會得到自由。在不知道規則的前提下追求自由，是沒有意義的。坐禪就是為了獲得徹底的自由。

心的波動 Mind Waves

「因為生命的方方面面都令我們樂在其中，它們都是從恢弘的心開展出來的，所以我們不會追求過度的喜悅。我們從容自在。」

坐禪時，不要刻意壓抑思考。讓思考自己停下來。雜念出現時，讓它來，讓它走。它不會停留很久。刻意壓抑思考，意味著你覺得它很煩。不要為了任何事心煩。雜念看似來自心以外的地方，其實它只是心的波動，只要你不覺得心的波動很煩，波動就會愈來愈平靜。只要五分鐘，最多十分鐘，你的心會變得安寧平靜。這時候，你的呼吸會變得很緩慢，脈搏則是會稍微加快。

念頭並非來自外在，而是自身

想在修行中找到安寧平靜的心，需要花滿長的時間。感覺會一直跑出來，想法或畫面也會一直跑出來，其實它們都是你的心產生的波動。都不是來自外在。我們經常認為心只是接收外面來的畫面或經驗，這樣的理解並不正確。正確的理解是心包含一切；當你以為有個念頭跑進心裡，其實是你的心生出了一個念頭。外面的東西不會帶來煩惱。你心中的波動，是你自己製造的。讓心保持原本的樣子，就能夠心平氣和。這樣的心，叫做恢弘的心。

恢弘的心，狹隘的心

如果你的心與心外面的事物有所牽連，這樣的心是狹隘的、有束縛的心。如果你的心不與任何事有牽扯，你就不會用二元思維來理解心的活動。你會知道這些活動只是心的波動。恢弘的心的感受體驗，都發生在心裡面。你明白這兩種心的差別嗎：恢弘的心無所不包，狹隘的心與外物有牽連。這兩種心同為一體，只是差在理解不同，你對生命採取怎樣的態度，取決於你對心有怎樣的理解。

一切存乎一心，這就是心的本質，宗教情感就是這樣的體驗。就算心有波動，心的本質仍是清淨的；如同有些許波動的、清澈的水。其實水時時刻刻都在波動。波動是水的修行。認為波動與水無關，或是水與波動無關，都是一種錯覺。水與波同為一體。恢弘的心與狹隘的心同為一體。用這種方式理解你的心，能為你帶來安全感。你的心不對任何外物有期待，所以它永遠是富足的。心中產生波動不是因為受到打擾，而是心被放大了。無論你體驗到什麼，都是恢弘的心的表達。

恢弘就是接納

藉由各種體驗來放大自己，就是恢弘的心在做的事。從某種意義上來說，接連出現的各種體驗都是嶄新的；但是從另一個角度來說，它們只不過是恢弘的心不斷或重複的開展。例如早餐吃到好吃的東西，你會說：「真好吃。」這裡的「好」其實你以前體驗過的，雖然你不一定記得確切的時間。有了恢弘的心，我們會接納每一個體驗，就像看見鏡子裡自己的臉一樣。我們不害怕失去它。無所來，亦無所去；面對死亡不畏懼，面對老化和生病不覺得苦。因為生命的方方面面都令我們樂在其中，它們都是從恢弘的心開展出來的，所以我們不會追求過度的喜悅。我們從容自在，並帶著這樣的從容自在坐禪。

心中的雜草 Mind Weeds

「你應該感激心中的雜草，因為最後它們將豐富你的修行。」

一大早就被鬧鐘吵醒，我想你應該不會很開心。坐禪就跟起床一樣不容易。就算你已走進禪堂、開始坐禪，心中還是得天人交戰一番，勸自己要好好端坐。但這些只是心的波動。清淨的坐禪，心中應該是平靜無波。坐禪時，這些波動會變得愈來愈小，一開始的辛苦會慢慢變成細微的感覺。

心中的雜草能豐富你的修行

我們說：「拔除雜草，然後為植物提供養分。」我們拔掉雜草，把雜草埋在植物旁邊變成植物的養分。雖然你在修行時碰到困難，雖然坐禪時心有波動，但這些波動本身將成為你的助力。所以不要覺得心煩。你反而應該感激這些雜草，因為最後它們將豐富你的修行。如果你感受過心中的雜草如何變成心靈養分，你的修行將會突飛猛進。你會感覺到進步。你會感覺到它們如何變成自我的養分。當然，為禪修賦予哲學或心理學詮釋並不難，但光是這樣還不夠。我們必須親身感受雜草如何變成養分。

忘我清淨的努力

嚴格說來，任何刻意的努力都不利於禪修，因為這會在心中製造更多波動。但是不付出絲毫努力，就不可能達到絕對的寧靜。努力是必須的，只是我們必須在努力的過程中忘記自己。主觀還是客觀，在這裡並不重要。我們只是把心靜下來，甚至連自己也沒有察覺到。不知不覺中，所有的努力、想法與心思都會消失。所以我們必須鼓勵自己，並努力到最後一刻，直到所有的努力消失不見。你應該專注於呼吸，直到你對自己的呼吸無所察覺。

我們應該持續努力下去，但不應該期待自己一定會在某個階段達到忘我。我們應該專心呼吸。這是我們禪修的方式。坐禪時，你的努力會變得愈來愈細緻。剛開始，你的努力相當粗糙、不清淨。藉由禪修的力量，你的努力會變得愈來愈清淨。當你的努力變得清淨，身心也會變得清淨。這是我們禪修的方式。一旦你對淨化自我和淨化環境的內在力量有所領悟，你就會變得行止得宜，你會從身旁的人身上學習，待人接物也更加友善。這是禪修的好處。禪修的方法，就是用正確的姿勢與清淨的努力專注呼吸。這就是我們禪修的方法。

禪的精髓 The Marrow of Zen

「在坐禪的姿勢中，身心都有巨大的力量能接受事物的本來面目，不論是令你愉快的和不愉快的都能接受。」

《雜阿含經》第三十三卷提到世上有四種馬：依照優劣分為第一、第二、第三、第四等。第一等的馬在看到鞭影之前就知道騎士想要牠跑得快或慢、往左或往右；第二等跑起來不輸第一名，差別是要等到馬鞭觸及皮膚時才能領會；第三等要感到痛才跑；第四等則是非要等到痛入骨髓之後才跑。你可以想像第四等馬要學會奔跑有多難。

不爭先，不恐後，方是禪

聽到這個故事，幾乎每一個人都想當第一等的良馬。如果當不了第一等，當第二等也不錯。我想，這是一般人對這個故事以及對禪學的理解。你或許認為，你可以在坐禪的過程中知道自己是名列前茅還是敬陪末座。這是對禪學的誤解。如果你以為禪修的目的是訓練你成為第一名，那可就大錯特錯，完全不是正確的理解。其實只要用正確的方式修行，第幾名都無所謂。想一想佛陀的慈悲，你認為他對這四種馬會有怎樣的想法？比起第一等，他會更加同情最後一等。

當你決定懷抱佛陀的偉大之心投入禪修時，你會發現最後一等的馬反而最可貴。你會在自身的不完美裡，找到那份堅定求道之心的基礎。坐禪姿勢完美無缺的人，通常得花更多時間才能理解禪的真諦、禪的真實感受，以及禪的精髓。但是在禪修路上遇到艱難險阻的人，將在禪修裡找到更多意義。所以我認為有時候第一等說不定是最後一等，而最後一等可能是第一等。

將錯就錯！

若你研究過書法，你會發現最優秀的書法家通常不是書法家裡最聰明的。非常心靈手巧的人在進步到某個境界之後，往往會碰到巨大阻礙。藝術與禪學也適用這個道理。人生亦然。因此談到禪修，我們不能用「他很棒」或「他很糟」之類的普通詞彙來描述。打坐的姿勢因人而異。有些人就是沒辦法盤腿坐。但就算你不能用正確的姿勢打坐，只要你有真誠的求道之心，你的禪修就符合真實的禪意。其實不擅長打坐的人，要比可以輕鬆打坐的人更容易產生真誠的求道之心。

我們反思自己的日常行為時，常常感到羞愧。有個學生寫信給我，信中說：「您寄了一本日曆給我，我努力實踐每一頁寫的至理名言，但今年才剛開始沒幾天，我就已經做不到了！」道元禪師曾說過：「將錯就錯。」「錯」指的是「錯誤」。「將錯就錯」的意思是遷就錯誤、繼續行事。道元禪師認為，將錯就錯也是一種禪。禪師的生命可說是年復一年的將錯就錯。這代表他花了很多年的時間，專心一意地付出努力。

知不足方能領悟

我們說：「好父親不是好父親。」你明白這意思嗎？自以為是好父親的人不會是好父親，自以為是好丈夫的人不會是好丈夫。認為自己是最糟糕的丈夫的人，若能全心努力成為好丈夫，他可能就是個好丈夫。如果你是因為疼痛或身體因素而無法打坐，不要因此放棄，用厚一點的打坐墊，坐在椅子上也可以。就算你是最後一名的馬，仍然可以領悟禪的精髓。

難過時，痛苦時，就該打坐

假如你的孩子罹患不治之症，你可能會不知所措，輾轉反側。平常對你來說，最舒服的地方是溫暖舒適的床，但現在你心裡充滿痛苦，沒辦法休息。你可能會走來走去，進進出出，但是沒有用。其實心裡感到痛苦時，最好的紓解方法是坐禪，即使你如此心煩意亂、坐姿不正也會有幫助。如果你不曾在這樣艱難的情況下打坐，就不算是禪修的學生。這是最能夠撫慰痛苦的方式。其他姿勢令你焦躁不安，無法賦予你力量去接受眼前的困難。然而對經過長期練習坐禪的你來說，在坐禪的姿勢中，身心都有巨大的力量能接受事物的本來面目，令你愉快的和不愉快的都能接受。

當你感到不快樂時，最好打坐。這是接受問題和解決問題的唯一方法。無論你是第一名還是最後一名，無論你的姿勢是好是壞，都不重要。人人都可以坐禪，並藉由坐禪來處理問題、接受問題。

當你坐在問題的正中央，哪件事對你來說更加真實：問題，還是你自己？察覺到你存在於此時此地，這是最重要的事實。這是禪修能帶來的領悟。無論面對順境還是逆境都要持續禪修，你就能領悟禪的精髓，獲得禪的真實力量。

放下二元思維 No Dualism

「靜心不等於心理活動完全停擺。靜心的意思是心思漫及全身。心中圓滿，雙手自然結印。」

我們說修行不應該有得失心，不應該有期待，甚至對開悟也不抱期待。但這並不代表打坐是毫無目標的。修行不應有得失心，這個觀念源自《心經》。但要是你不夠小心，經文本身會使你產生得失心。《心經》說：「色即是空，空即是色。」但如果你對這句話產生執著，很容易陷入二元思維：一邊是你、是色，另一邊是空，而你正試圖藉由色去理解空。因此「色即是空，空即是色」仍是二元思維。幸好禪宗也說：「色即是色，空即是空。」這就不是二元思維了。

如果你覺得坐禪時很難靜心，而且你試圖壓抑思考，這就是「色即是空，空即是色」的境界。但就算你修行時抱持這種二元思維，還是會漸漸與你的目標融合再一起。當修行變得輕鬆不費勁，心自然會靜下來。這就是「色即是色，空即是空」的境界。

靜心不等於心理活動完全停擺。靜心的意思是心思漫及全身。你的心隨著呼吸律動。心中圓滿，雙手自然結印。全心全意，即使雙腿痠痛也不會感到心煩。這就是沒有任何得失心的打坐。一開始你會稍微感到坐姿的限制，但是當這種限制不再使你心煩，就表示你已理解「空即是空，色即是色」的意義。在受到限制的情況下尋找自己的方向，這就是修行之道。

氣定神閒，色空如一

並不是不管你做什麼，甚至包括躺下，都算是坐禪。當限制對你來說不再是限制，這才是我們所說的修行。當你說：「我做的任何事都是佛性，所以我做什麼都無所謂，沒必要坐禪。」這句話是以二元思維理解日常生活。如果真的無所謂，那根本沒有說出來的必要。若你不在意自己的行為，你不會說自己不在意。該打坐時打坐，該吃飯時吃飯。如此而已。當你把「無所謂」說出口，這意味著你抱持狹隘的心為自己的行為找藉口。這表示你對特定的事物或方式有執念。這不是我們所說的「只要打坐就夠了」，也不是「無論做什麼事，都是一種坐禪」。確實無論做什麼事都是一種坐禪，只是沒有說出來的必要。打坐時，不要讓痠痛的雙腿和睡意煩擾你。這就是坐禪。但是，一開始要接受事物的本來面目很難。你會覺得禪修很煩。但當你可以不管做什麼都氣定神閒、不覺得心煩，包括好事與壞事，這就是真正的「色即是色，空即是空」。

分分秒秒，皆可悟禪

罹患癌症之類的重病、得知自己只剩兩、三年的壽命，想要尋求心靈支柱的人，或許會選擇開始修行。有些人仰賴神的協助，有些人則是開始坐禪。這樣的修行將以心的虛空為重點。也就是說，他們想要擺脫二元思維帶來的痛苦。這就是修行「色即是空，空即是色」。基於「空」的真實本質，他們會想要在生活中將「空」付諸實踐。若他們朝這個方向修行，秉持這樣的信念並持續努力，雖然肯定會有助益，卻不是最好的修行。

要知道生命很短暫，好好體會每一天、每一刻，這就是「色即是色，空即是空」的人生。佛來了，你歡迎他。魔來了，你也歡迎他。中國著名的雲門文偃禪師曾說：「日面佛，月面佛。*」他生病時，有人問他：「你還好嗎？」他的回答是：「日面佛，月面佛。」這就是「色即是色，空即是空」的人生，無煩無憂。活一年很好，活一百年也很好。只要持之以恆地修行，一定能達到這個境界。

初期修行必定費力

一開始你會遇到各種問題，你得費點力氣才能繼續修行。對初學者來說，不

* 譯註：雲門文偃應是誤植，這個故事主角是馬祖道一禪師。據《佛名經》的記載，日面佛的壽命長達一千八百歲，月面佛的壽命卻僅僅只一日一夜。這則故事展現了馬祖道一禪師對壽命長短的無執。

花力氣的修行不是真正的修行。初學者的修行需要付出巨大的努力。尤其是年輕人，必須非常努力才能得到成果，你必須用盡全力。色即是色。你必須堅持往前走，直到你明白放下自我的必要性。在達到這個境界之前，若你認為無論做什麼都是禪，或是修不修行都無所謂，那可真是大錯特錯。但如果你盡最大的努力、全心全意堅持修行，而且沒有得失心，那麼無論你怎麼做都會是真正的修行。你的目標應該是「堅持」。做一件事，「做」就是目標。色即是色，你即是你，真正的「空」將在修行裡得到實踐。

叩首 Bowing

「叩首是非常肅穆的行為。即便到了人生的最後一刻，你仍須隨時做好叩首的準備，即使不可能仍非做不可，因為我們的真實本性希望我們這麼做」

坐禪結束時，我們會叩首九次。叩首就是放下自我。放下自我意味著放下二元思維。因此坐禪與叩首之間並無分別。通常叩首意味著向對方致敬，因為對方比我們更值得尊敬。但是當你向佛叩首時，心中應該沒有佛，因為你已與佛合而為一，你就是佛。當你與佛合而為一、與萬物合而為一時，你會知道存在的真諦。當你徹底放下二元思維，萬物都將成為你的老師，也都可以是你致敬的對象。

萬物皆是你叩首的對象

當恢弘的心容納萬物，二元思維就會漸漸消退。天與地、男與女、師與徒之間不再有分別。有時男人向女人叩首，有時女人向男人叩首。有時弟子向老師叩首，有時老師向弟子叩首。無法向弟子叩首的老師，也無法向佛叩首。有時老師與弟子一起向佛叩首。有時我們也可以向貓狗叩首。

在恢弘的心裡，萬物同樣珍貴。萬物都是佛。眼所見，耳所聞，都是本來面目。修行時，應該接受萬物的本來面目，尊敬一切如同尊重佛。這就是成佛。佛向佛叩首，你向你自己叩首。這才是真正的叩首。

如果你在修行時對恢弘的心沒有堅定的信念，叩首將帶著二元思維。當你只是你自己，你是向真正的自己叩首，並且與萬物合而為一。唯有在你只是你自己的時候，你才能真正地向萬物叩首。叩首是非常肅穆的行為。即便到了人生的最後一刻，你仍須隨時做好叩首的準備；當你除了叩首之外無法做其他的事，你就應該叩首。我們需要這樣的信念。帶著這種精神叩首，那麼所有的戒律、教誨都將與你合而為一，你恢弘的心也將容納一切。

叩首是為了消除自我中心的思想

日本茶道宗師千利休於一九五一年被主君豐臣秀吉下令切腹。自盡前，他說：「吾這寶劍，祖佛共殺。」意思是當恢弘的心成為我們手中的利劍，二元世界將不復存在。這種精神是唯一的存在。千利休的茶道向來帶有這種冷靜沉著的精神。他從不以二元思維行事；他時時刻刻都做好了赴死的準備。他在一次又一次的茶道儀式中死去，復又重生。這是茶道的精神。這是我們叩首的精神。

我老師的額頭上有叩首的厚繭。他知道自己的性格頑強固執，所以他一次又一次不斷叩首。他叩首，是因為他心中一直聽見老師責罵的聲音。他在三十歲那年加入曹洞宗，以日本僧人來說年齡偏大。年輕人比較不固執，比較容易放下自私的心。他的老師都叫他「那個新來的」，還會罵他太晚開始修行。其實他的老師很喜歡他固執的個性。我的老師年過七十後曾說：「年輕的我像老虎，現在的我像貓！」他非常高興自己像隻貓。

叩首有助於消除自我中心思想。這並不容易。擺脫這些想法很難，在這方面，叩首是非常有用的修行。重要的不是結果，而是為了提升自我所付出的努力。這是持續一輩子的修行。

每一次叩首，都是在表現四弘誓願的其中一願。四弘誓願分別是：「眾生無邊誓願度，煩惱無盡誓願斷，法門無量誓願學，佛道無上誓願成。」若佛道無上，如何能成？儘管如此，我們仍應努力！這就是佛道。

動中求靜才是真平靜

心想「可能達成，所以才去做」，這樣的想法不是佛道。反而是即使不可能仍非做不可，因為我們的真實本性希望我們去做。其實可能與否並不重要。若擺脫自我中心思想是我們內心深處的渴望，那就非做不可。當我們為此付出努力，內心深處的渴望獲得滿足，涅槃就會浮現。決心去做之前會覺得很難，然而一旦跨出第一步，就會覺得一點也不難。你的努力本身就能滿足內心深處的渴望。這是取得內心平靜的不二法門。心平氣和不代表什麼都不做。我們應在行動裡尋找真正的平靜。我們說：「靜中尋靜易，動中尋靜難，但動中之靜才是真正的平靜。」

進步就像浸潤在身上的霧氣

禪修一段時間後，你會發現速成的顯著進步是不可能的。就算非常努力，進步也只能是一點一滴累積。這可不像是走進淋浴間，打開水龍頭就把全身淋濕；反而比較像是走在霧裡，你不知道自己會被淋濕，但愈往前走，身上的濕氣會愈來愈重。若你心中存著想要進步的念頭，你會說：「這樣真是有夠慢！」但其實並不。在霧裡沾染的濕氣很難徹底弄乾。所以，別擔心進步的速度。就跟學習外語一樣，一蹴而就是不可能的，必須反覆練習才可能精通。這就是曹洞宗的禪修方式。我們點滴累積進步，或甚至毫不期待進步。保持真誠，在每一個當下盡最大的努力就已足夠。涅槃就在我們的修行裡。

平凡無奇的力量 Nothing Special

「你若每天堅持這種簡單的修行，定能獲得奇妙的力量。獲得之前，它是奇妙的力量。但獲得之後，它將平凡無奇。」

坐禪之後，我會不想說話，因為我覺得坐禪本身就已足夠。但若要我說點什麼，我想說說坐禪的美妙之處。我們坐禪的目標是持之以恆。這種修行始於無量劫之前，也將持續存在到無盡的未來。嚴格說來，這是人類修行的不二法門。也是唯一的生活方式。禪修是人類真實本性的直接表現。

無所求的坐禪才是真坐禪

當然我們做的任何事都是真實本性的表現，只是不借助禪修很難做到。動是人類與每一種存在的本性。我們只要活著，就不會什麼都不做。但如果你心中存有「我正在做這件事」或「我必須做這件事」或「我必須達成這個特殊的目標」的想法，就等於什麼也沒做。當你放下，當你不再渴望，或是當你不再追求特殊的目標，此時的「做」才是真正的「做」。坐禪時，心中沒有任何目的。你或許覺得自己正在做一件特別的事，其實這只是真實本性的表現。這是在滿足內心深處的渴望。只要你認為你是為了某個目的坐禪，就不是真正的修行。

你若每天堅持這種簡單的修行，定能獲得奇妙的力量。獲得之前，它是奇妙的力量。但獲得之後，它將平凡無奇。只是你自己而已，沒有特別之處。中國有一首古詩是這麼說的：「及至到來無一事，廬山煙雨浙江潮。」很多人以為一覽雲霧繚繞的名山與奔騰的浪潮，肯定是美妙的經驗。但是去了才知道山水不過就是山水。一點也不特別。

沒有體驗過開悟的人覺得開悟很神祕，是一種奇妙的體驗。然而一旦開悟，才會發現也沒什麼大不了。但是它並非沒什麼大不了。你明白嗎？對於母親來說，有孩子不是特別的事。坐禪也是一樣。持續坐禪，你的收穫會愈來愈多——不是特別的收穫，但是仍有收穫。可以稱之為「普世本性」或「佛性」或「開悟」。你可以給它許多名稱，但是對已經擁有它的人來說，它沒什麼大不了，就是收穫而已。

一切眾生皆為佛性

當我們表現真實本性時，我們是人。若不表現真實本性，我們不知道自己是什麼。我們不是動物，因為我們用雙腿行走。我們和動物不一樣，那我們是什麼呢？我們說不定是鬼；我們不知道如何稱呼自己，這樣的生物形同不存在，只是幻影。我們不再是人，但我們確實存在。當禪不是禪，什麼都不存在。理智上，我說的話毫無道理，但真正修行過的人會明白我的意思。所有的存在都擁有自己的真實本性，也就是它的佛性。《涅槃經》裡，佛陀說：「一切眾生皆有佛性。」但道元禪師對這句話的解讀是：「一切眾生皆為佛性。」這兩句話並不相同。「一切眾生皆有佛性」意味著一切存在裡均有佛性，所以「佛性」與「存在」是有分別的。但是「一切眾生皆為佛性」的意思是，一切存在都是佛性本身。如此一來，沒有佛性就沒有存在。沒有佛性的東西只是幻影。它或許存在你心中，但這樣的東西實際上並不存在。

因此，身為人便是身為佛。佛性只是人性的另一個名字，是真實的人類本性。即使你什麼也不做，其實也並非如此。你仍在表現自己。你在表現你的真實本性。你的雙眼會表現，你的聲音會表現，你的行為舉止會表現。最重要的是，用最簡單、最恰當的方式表現真實本性，並且在最微小的存在中體會它。

日復一日、年復一年的持續修行，你的感受會愈來愈深刻，而且你的感受將涵蓋日常生活的一言一行。最重要的是放下所有的得失心，所有的二元思維。換句話說，只要用端正姿勢坐禪就行了。什麼都不要想。坐在墊子上，心中無所期待。最後你將恢復自己的真實本性。也可以說，你的真實本性將恢復它自己。

第二部

正確的態度

「我們重視的是，對自己最初的本性堅信不移。」

專一之道 Single-minded Way

「即使太陽從西邊升起，菩薩的道路也不會改變。」

我跟大家聊天，不是為了提供智識上的見解，而是為了分享我對禪修的體會。能與各位一起坐禪，是非常、非常特別的一件事。當然，我們做的任何事都很特別，因為生命本身就是如此特別。佛陀曾說：「人身難得如爪土之稀。」因為泥土幾乎不會黏在指甲上。人類的生命很珍稀，也很美好。我每次打坐，都想永遠這麼坐下去。但我告訴自己不可偏廢，念經和叩首等其他修行也要做。叩首時，我覺得「這真是美好」。但我不能一直叩首，所以我會接著念經。我跟你們聊天是為了分享我的體會，如此而已。打坐不是為了得到什麼，只是真實本性的表現。這就是我們的修行。

料理也是修行

如果你想要表現自己，表現你的真實本性，應該用自然且適當的方式。比如坐禪的時候，身體在坐下和起身時的左右擺動也是一種自我的表現。這不是修行前的準備，也不是修行後的放鬆，而是修行的一部分。我們不該把它當成一種準備動作。日常生活也是如此。

道元禪師認為，做飯或料理食物不是準備動作，這件事本身就是修行。做飯不只是為別人或自己準備食物，而是在表現你的真誠。因此當你在廚房裡做飯的時候，你應該在做飯的行動裡表現自己。給自己充足的時間，心中沒有雜念也無所期待。專心做飯就好！這也是一種真誠的表現，是修行的一部分。我們必須坐禪，但坐禪不是唯一的修行方法。無論你選擇哪一種方法，都應該要在行動裡表現同樣的深刻。我們應該認真體會自己正在做的事。行為本身才是重點，不是為了其他目的。

像鐵軌般專一前行

菩薩的道路是「專一之道」，是「綿延數千里的鐵軌」。鐵道一路往前延伸，絲毫未變。若是鐵道忽寬忽窄，後果不堪設想。無論你往哪個方向走，鐵道都是一樣的。這就是菩薩的道路。所以即使太陽從西邊升起，菩薩的道路也不會改變。他的道路，是時時刻刻表現本性與真誠。

我們說鐵道，但實際上鐵道並不存在。真誠本身就是鐵道。我們搭火車時，窗外的景色不斷變化，但火車底下的路始終是同一條。這條路沒有起點，也沒有終點：一條無始無終的路。沒有開端，也沒有目的，一無所求。沿著這條路前進，就是我們該做的事。這是禪修的本質。

如果你對鐵道感到好奇，那就危險了。你不應該看見鐵道。盯著鐵道看會讓人頭暈目眩，你只要好好欣賞火車上的風景就好，這是我們該做的事。乘客不需要對鐵道感到好奇，有人會負責把鐵道照顧好；佛會照顧好鐵道。

有時我們會想要了解鐵道，因為我們對始終如一的東西感到好奇。我們會想：

「菩薩為什麼可以始終如一呢？他的祕訣是什麼？」其實沒有祕訣。每個人的本性都與鐵道相同。

說是說，聽是聽，道理自在人心

有兩個好友，一個叫長慶，一個叫保福。他們聊到菩薩的道路，長慶說：「即使阿羅漢（已開悟得道者）有邪惡的渴望，但如來（佛陀）不說二種語。我的意思不是如來無語，只是無二種語。」保福說：「話雖如此，但你的說法不完全有理。」長慶問：「那你認為如來語應做何解？」保福說：「我們聊得差不多了，喫茶去！」

保福沒有回答長慶，因為我們的道路不可能用言語說明。不過這兩位好友討論菩薩的道路也是修行的一部分，他們並不期待能藉由討論找到新的見解。所以保福才會說：「我們聊得差不多了，喫茶去！」

這個答案很棒，對吧？我跟你們說話也是這樣——我說完，你們也聽完。沒有必要記住我說的話，也沒有必要了解我說的話。你們是明白的。你們的內心已有完整的理解。這樣就很好。

重複、重複、再重複 Repetition

「如果你失去重複做同一件事的興致，做這件事會變得很煎熬。」

佛陀當年邂逅的印度思想與修行，基礎觀念是人類是由靈與肉的元素組合而成。當時的印度人認為，人類的肉體會束縛心靈，所以宗教修行以削弱身體元素為主，目的是釋放與加強心靈。因此佛陀在印度學到的修行強調禁慾苦修。

苦修無用

但後來佛陀發現，肉體的慾望無窮無盡，試圖淨化肉體是一條不歸路，這使得宗教修行淪為理想主義。這場對抗肉體的戰爭至死方休。但這一派的印度思想認為人死後有來生，在一次次的來生中不斷受苦受難，永遠沒有徹底悟道的那天。即使你認為你能藉由削弱體能來釋放心靈的力量，仍須持續禁慾苦修才有用。一旦回到原本的日常生活，你就得強身健體，然後再次為了重獲心靈力量而削弱身體。你必須一遍又一遍重複這個過程。我這樣描述佛陀時代的印度修行或許太過簡化，我們或許覺得它很可笑，但時至今日仍有人用這種方式修行。有時候這種禁慾苦修的觀念藏得很深，連他們自己都沒有意識到。不過，這樣的修行不會有任何進展。

佛陀的修行

佛陀的方法不太一樣。他先研究那個年代與地區的印度教修行，然後親身苦修。但是他對人類的組成元素以及形而上的存在理論都不感興趣。他更關心的是自己如何存在於當下，他很重視這一點。麵包的原料是麵粉，他便想知道麵粉送進烤箱之後如何變成麵包。開悟的人很完美、很令人嚮往，對他自己和其他人來說都是如此，佛陀便想知道人類如何發展出這種理想人格——也就是過往的聖賢如何成為聖賢。為了研究麵團如何變成完美的麵包，他親自嘗試了一次又一次，直到成功為止。這是他的修行。

修行不應著重在理想，而是重複

我們或許覺得，每天都烤同樣的麵包並不有趣，甚至可說是非常無聊。如果你失去重複做同一件事的興致，做這件事會變得很煎熬。如果你充滿體力與活力，就不會感到難受。總之，我們不可能靜止不動，我們必須做點什麼。無論做什麼，都應該認真觀察、小心謹慎、保持警覺。把麵團放進烤箱裡，然後仔細觀察。一旦知道麵團如何變成麵包，你就會了解何謂開悟。凡胎肉體如何成為聖賢，是我們關注的重點。我們不在乎麵粉是什麼、麵團是什麼、聖賢是什麼。聖賢就是聖賢。人性的形而上解釋並不重要。

因此我們重視的修行方法不能變得太過理想主義。太過理想主義的藝術家會自殺，因為理想與實際能力之間有一條鴻溝。這條鴻溝寬到無法以橋樑跨越，令他漸漸感到絕望。這是常見的修行方法。我們的修行方法不這麼理想主義。從某種意義來說，我們也有理想主義的一面，至少我們得關心怎麼把麵包做得色香味俱全！修行是重複、重複、再重複，直到你明白如何成為麵包的過程。我們的修行沒有祕訣。就是坐禪和把自己放進烤箱，如此而已。

禪與興奮感 Zen and excitement

「禪不是一種興奮感，而是專注於平凡的日常活動。」

我的老師在我三十一歲那年圓寂。雖然當時我希望能留在永平寺專心禪修，但我必須繼承老師的寺院。我變得相當忙碌，當時我還那麼年輕，難免覺得困難重重。儘管我從這些困難中汲取經驗，但是跟真實、寧靜、祥和的生活比起來，實在不值一提。

不要沉迷在忙碌刺激的生活

我們必須從一而終、堅定不移。禪不是一種興奮感，而是專注於平凡的日常活動。太忙碌和太興奮的時候，心都會紛擾不安，這樣不好。可以的話，盡量保持平靜喜樂，不要太興奮。忙碌程度一天賽過一天、一年賽過一年已是常態，尤其是生活於現代世界的我們。若相隔一段較長的時間舊地重遊，我們會驚嘆這個地方變了很多。這是沒辦法的事。但如果我們愛上某種興奮感，或是愛上自身的改變，就會被徹底陷入忙碌的生活，進而迷失方向。如果你的心很平靜安穩，即使身處喧囂的世界也能不為所動。生活在充滿嘈雜與改變的世界裡，你的心將是寧靜而安定的。

禪修不是會激發興奮感的事情。有些人純粹出於好奇而開始禪修，結果只是讓自己變得更忙。修行如果讓你過得更糟，是很荒謬的一件事。我想，如果你試著每週坐禪一次，便會知道這樣就夠你忙的了。不要對禪學興趣過甚，對禪學過分熱情的年輕人往往會荒廢學業，跑去山上或森林裡打坐。這樣的興趣不是真的興趣。

不要太興奮！

用平靜的、普通的態度修行就行了，只要持之以恆，就能慢慢培養品格。如果你的心總是很忙，你不會有時間培養品格，修行也不會成功，尤其是用力過猛的話。培養品格跟做麵包很像——你必須慢慢攪拌、按照步驟進行，而且溫度要適中。你知道自己需要怎樣的溫度。你很了解自己。但要是你興奮過頭，你會忘記自己適合怎樣的溫度，你會迷失方向，這很危險。

佛陀用擅長駕馭牛車的車夫比喻這件事。車夫知道牛可以拉多重的東西，因此他不會給牛過多的負荷。就像你了解自己的方向與心靈狀態，因此不要給自己太多負荷！佛陀還說，培養品格猶如蓋水壩，築堤的時候要非常小心，如果想要一口氣完成，水壩就會漏水。相反的，謹慎築堤，就能成就一座堅固的水壩。

不興奮的修行聽起來很負面，其實不然。這是一種有智慧、有效果的修行方法，它只是非常平淡。我知道這一點很難理解，尤其是年輕人。另一方面，我說的這些看起來有點像漸悟。其實也不是。事實上，這是頓悟，因為當你的修行既平靜又普通，那麼日常生活本身就是開悟。

正確的努力 Right Effort

「如果你有好好修行，或許會對自己的修行洋洋得意。你做的事是善的，只是添加了多餘的東西。驕傲是多餘的，丟掉多餘的東西，這才是正確的努力方向。」

修行最重要的事，是正確的努力或剛剛好的努力。我們必須朝正確的方向、做正確的努力。如果努力的方向錯了，尤其是在你無所察覺的情況下，你將會白費力氣。修行的努力方向，應該從「有成」變為「無成」。

不要付出過多的努力，懷有過多的期待

通常你在做一件事情的時候，心中會有目標，對結果懷有執念。從有成變為無成，意味著放下努力過後不必要的惡果。如果你秉持無成的精神付出努力，這

件事本身就有善念。因此做一件事不需要特別努力，就已足夠。為了達成目標付出特別的努力，會牽涉多餘的念頭、多餘的元素，你應該把多餘的東西丟掉。如果你有好好修行，或許會不知不覺對自己的修行洋洋得意，這種驕傲是多餘的。你做的事是善的，但是添加了多餘的東西。所以你應該丟掉這種多餘的東西。這一點非常、非常重要，只是我們沒有敏銳到能夠察覺這件事，所以會走錯方向。

不執著，只坐禪

因為大家都做一樣的事、犯一樣的錯，所以我們沒有發現。因為沒有發現，所以一錯再錯。於是我們製造許多問題。這些不好的努力叫做「法縛」，也就是「被修行束縛」。你陷入修行或成就的觀念，無法自拔。當你陷入二元思維，就表示修行並不清淨。清淨指的不是用力擦拭，試圖把不清淨的東西變得清淨。清淨指的是事物的本來面目。加了多餘的東西就會變得不清淨。任何事陷入非黑即白的二元性，就不是清淨的。如果你認為坐禪一定有收穫，這樣的修行已不是清淨的修行。我們可以說修行有助於開悟，但我們不應該執著於這句話。你不應該被這句話汙染。坐禪時，就專心坐禪。若開悟到來，就以平常心迎接它。我們不應該對成就產生執念。坐禪的真實本質一直都在，只是你不一定察覺到它，所以忘掉坐禪帶來的任何好處吧。專心坐禪就對了。坐禪的本質會自動顯現，這就是坐禪的收穫。

大家會問，沒有得失心的坐禪是什麼意思，想要這樣坐禪該怎麼做。答案是：修行時，丟掉多餘的東西。若有多餘的念頭跑出來，你應該試著阻擋它。你應該維持修行的清淨。這是我們努力的方向。

孤掌可鳴，只賴用心傾聽

我們說：「聽見隻手之聲。」通常需要雙手相拍才能發出鼓掌聲，因此我們認為孤掌難鳴。但其實，一隻手也能拍出聲音。雖然你聽不見，但確實有聲音。你能聽見雙手相拍的聲音。但如果聲音不是在你拍手之前就已存在，是不可能拍出聲音的。聲音在你拍手之前就已存在。因為有聲音，所以你才能製造聲音，進而聽見聲音。聲音無處不在。好好修行就能聽見。不要刻意去聽。不聽，即到處有聲。刻意去聽，則聲音時有時無。你明白嗎？即使你什麼都不做，禪的本質一直都在。若是你刻意尋找，試圖理解禪的本質，你將一無所獲。

你的存在，一直、永遠、永恆，都在

你以一個人的形態活在這世上，但是在擁有人類的形體之前，你早已存在，一直都在。我們一直都在。明白嗎？你以為你出生之前並不存在。但是，若原本沒有你，你怎麼可能出現在這世上呢？因為你本就存在，所以才能出現在這世上。同樣的道理，不存在的東西是不可能消失的。因為存在，所以才可以消失。你以為當你死去的時候，你就消失了，不復存在。但即使你消失了，存在的東西不可能變成不存在。這正是神奇之處。我們沒辦法對世界施展任何魔法。世界本身就是魔法。盯著某樣東西看，它可能會從視線內消失。但如果我們不去看它，它就不會消失。因為你看它，所以它可能消失。沒人看的東西，怎麼可能會消失呢？如果有人盯著你看，你可以逃離對方。但如果沒人看你，你沒辦法逃離自己。

碰到困難而不自知，才是真正的困難

不要盯著特定的東西，不要追求特定的目標。在你的清淨本質中，你已擁有一切。如果你明白這個終極事實，就不會有恐懼。當然或許會有一些困難，但是不會有恐懼。碰到困難而不自知，這才是真正的困難。他們或許看起來自信滿滿，以為自己朝著正確的方向付出許多努力，但他們不知道自己的行為源自恐懼。他們害怕失去。如果你努力的方向是正確的，就不用害怕失去。就算方向錯誤，只要你能察覺，就不會心生妄念。你不會失去任何東西。唯有恆常不變的、正確修行的清淨本質。

不留痕跡 No Trace

「做任何事都要徹底燃燒自己，如同旺盛的篝火，不留下一點痕跡。」

坐禪時，心很平靜，也很簡單。平常我們的心很忙碌、很複雜，要專心處理眼前的事並不容易。這是因為我們的思考先於行動，而思考會留下痕跡。先入為主的想法如同陰影，籠罩著我們的行為。思考不僅留下痕跡或陰影，也給我們許多關於其他行為與事物的想法。這些痕跡與念頭讓心變得非常複雜。帶著簡單、澄明的心做事，我們就不會有成見或陰影，行為堅定而坦率。若帶著複雜的心做事，去跟其他人事物或社會做比較，行為就會變得非常複雜。

一心多用難成事！

多數人做事都是一心二用或一心三用。有句話叫「一石二鳥」，這是很常見的作法。但因為大家常常想要一次完成太多事，很難專心一意，最後連一隻鳥也捉不到！無論他們做什麼，這種思維都會留下陰影。陰影不是思維本身。當然我們在採取行動之前，通常必須好好思考或準備。但正確的思考不會留下任何陰影。會留下痕跡的思考，來自你比較的、困惑的心。比較心就是拿自己去跟其他事物比較的心，因此限制了自己。這種狹隘的心會讓人患得患失，也會留下痕跡。

如果你的思考在行為上留下痕跡，你會對這道痕跡產生執念。例如，你或許會說：「我完成了這件事！」但事實並非如此。你的回憶或許是：「我以某種方式做了某件事」，但其實這不是事實的全貌。這種思維限制了你的實際經驗。因此，如果你執著於自己所做的事，就會陷入自私的想法。

對自己過往的成就沾沾自喜，就是執念

我們經常以為自己做的是好事，其實未必。隨著年紀漸增，我們會對自己的

過往成就非常自豪，驕傲地描述過往事蹟，然而聽在別人耳裡卻只覺好笑，因為他們知道這種回憶是片面的。他們知道這個人說的話不是事實的全貌。如果他對自己的成就感到得意洋洋，這份驕傲會給他帶來麻煩。像這樣反覆多次回憶，他的性格會愈來愈扭曲，最後變成一個既討厭又頑固的傢伙。這是思考留下痕跡的其中一個例子。我們不應該忘記自己的所作所為，但也不應該留下多餘的痕跡。留下痕跡與記得是兩回事。我們必須記得自己做過的事，但不應該對做過的事產生特別的執念。所謂的「執念」就是思考與行為留下的痕跡。

全神貫注到不留痕跡

為了不讓痕跡留下，做任何事都要付出全副身心；你應該全神貫注。你應該完全投入，如同旺盛的篝火，而不是光會冒煙卻燒不起來的火。你應該徹底燃燒自己。如果你不徹底燃燒自己，你做的事就會帶有你的痕跡。沒有燃燒完全的東西會留下來，像雜質一樣。禪修就是一種徹底燃燒的活動，最終只留下灰燼，這就是修行的目標。道元禪師說過一句話，叫「灰燼不會復原成薪柴」，就是這個意思。灰燼就是灰燼。灰燼應該是百分之百的灰燼。薪柴也應該是薪柴。用這樣的方式做事，只要做一件事就已圓滿。

因此，修行不是一、兩個小時的事，也不是一天或一年的事。如果你全身心投入坐禪，哪怕只有一瞬，也是真正的坐禪。修行就是一瞬接著一瞬，全心全意投入。完成之後，不留任何痕跡。但這並非意味著忘掉一切。明白這一點，二元思維與生命中的所有問題都會消失。

僅此而已，即是涅槃

禪修時，你與禪合而為一。沒有你，也沒有坐禪。叩首時，沒有佛，也沒有你。只是有始有終的一次叩首，如此而已，這就是涅槃。佛陀將禪修傳授給摩訶迦葉時，他只有拈花微笑。只有摩訶迦葉明白他的意思，其他人都不明白。我們不知道這是不是史實，但這個故事是有涵義的。它展現出我們的傳統之道。這包容一切的行為真實無比，而佛陀將它的奧義傳授給世人。這是禪修，不是佛陀的教誨，也不是他制定的生活規範。教誨與規範應該是因地制宜、因人而異的，但修行的奧義不會改變。它永遠成立。

這是我們生活在這世上唯一的方式。我認為這種方式相當正確，容易接受、容易理解，也容易實踐。建立在這種修行上的生活，拿來跟現在世界上或人類社會發生的事比較一下，就會知道佛陀留給我們的真理有多麼珍貴。

真理很簡單，修行也很簡單。雖然簡單，卻不容忽視。它的珍貴價值必須被發現。碰到簡單的事，通常我們會說：「我知道啦！這麼簡單，大家都知道。」但若是不明白它的價值，就算知道也毫無意義，就算知道也像不知道一樣。

你愈了解文化，就愈明白這則教誨有多正確、多必要。與其批評自己的文化，不如全身心投入，用這種簡單的方式修行。你將能藉此影響社會與文化。深愛自身文化的人對文化有所批判，或許是很正常的事。這種批判的態度，意味著他們回歸到佛陀留下的簡單真理。但我們的方法是專注於簡單的基本修行，以及簡單的、基本的人生領悟。我們的行為不應留下痕跡。我們不應執著於奇思妙想或美麗事物。我們不應追求善。真理一直在你眼前，唾手可得。

上帝的施予 God Giving

「施予就是無執，換句話說，不對任何事懷抱執念就是一種施予。」

相對而言，大自然的每一個存在，人類世界的每一個存在，我們創造的每一件文化作品，都是一種餽贈，是施予給我們的。又因為萬物本為一體，所以實際上施予一切的是我們。我們時時刻刻都在創造，這是生命的喜悅。但這個不斷創造和施予的「我」，不是狹隘的我，而是恢弘的我。就算你不知道這個「恢弘的我」與萬物同為一體，施予原本就是件開心的事，因為當你施予的時候，你會覺得你與自己施予的東西同為一體。正因如此，施比受更加快樂。

六種面向

有句話叫「檀那般若波羅蜜」（Dana prajna paramita）。「檀那」的意思是「布施」，「般若」是智慧，「波羅蜜」是渡或到彼岸的意思。我們可將人生視為渡河。生命中付出的努力，都是為了到達彼岸的涅槃。「般若波羅蜜」，真正的生命智慧，是每跨出一步都能達到彼岸。渡河的每一步都到達彼岸，是真實生活的方式。「檀那般若波羅蜜」是六種真實生活方式的第一種。第二種叫「尸羅般若波羅蜜」（sila prajna paramita），「尸羅」意指佛教戒律。第三種是「羼提般若波羅蜜」（kshanti prajna paramita），意指忍耐。第四種是「毗梨耶般若波羅蜜」（virya prajna paramita），意指勤與精進。第五種是「禪那般若波羅蜜」（dhyana prajna paramita），意指禪定。第六種是「般若波羅蜜」，意指智慧。其實這六種「般若波羅蜜」同為一體，但我們可以從不同面向觀察生命，所以分為六種。

道元禪師說：「施予就是無執。」換句話說，不對任何事懷抱執念就是一種施予。施予什麼都無所謂。施予一文錢或一片葉子，都是「檀那般若波羅蜜」；施予一句話或甚至一個字的教誨，也是「檀那般若波羅蜜」。只要秉持無執的精神，物質與教誨的施予擁有同樣的價值。秉持正確的精神，無論做什麼、創造什麼，都是「檀那般若波羅蜜」。所以道元禪師說：「創造和參與人類活動，也是

『檀那般若波羅蜜』。為別人提供渡船或是造橋，也是『檀那般若波羅蜜』。」事實上，施予一句教誨，或許就是為對方造一艘渡船！

只會強調「我」，就會忘記「我」從何而來

基督教認為，世界上的萬事萬物都是上帝為人類創造，或是施予人類的。這是很棒的施予觀念。但如果你認為上帝創造人類，而你與上帝毫無關聯，那麼你很可能會認為自己有能力創造與你無關的事物，也就是並非上帝施予的事物。比如說，人類創造了飛機與公路。當我們經常把「我創造、我創造、我創造」掛在嘴邊，很快就會忘記這個創造各種東西的「我」到底是誰。我們很快就會忘記上帝。這是人類文化危險的地方。其實以「恢弘的我」來創造，等於施予。我們不可能創造和擁有我們為自己創造的東西，因為萬物都是上帝創造的。這一點切莫遺忘。但因為我們確實會忘記誰創造了萬物、忘記創造的原因，所以才會對物質或交換價值產生執念。與上帝創造的、擁有絕對價值的東西相比，任何價值都微

不足道。即使是對任何「狹隘的我」來說沒有物質價值或相對價值的東西，本質上仍擁有絕對價值。放下執念，就是對絕對價值有所覺察。你的一切作為都應該建立在這樣的覺察上，而不是建立在物質或自我中心的價值觀念上。如此一來，無論你做什麼都是真正的施予，是「檀那般若波羅蜜」。

先坐禪，才存在

盤起雙腿打坐的我們，重新開始基本的創造活動。創造大致分為三種。第一種是坐禪後的自我覺察。打坐時，我們是虛無，甚至連自己是什麼也不知道。我們只是打坐，如此而已。但是當我們站起來的那一刻，我們立刻存在！這是創造的第一步。你存在，萬物便存在；萬物一瞬間同時被創造出來。當我們從無到有，當萬物從無到有，這就是一種全新的創造，這就是無執。第二種創造是採取行動、製作東西，例如做飯或泡茶。第三種創造發生於你的內在，例如教育、文化、藝術或某種符合社會的系統。所以，總共有三種創造。如果你忘記第一種，也就是最重要的一種，另外兩種創造會像失去雙親的孩子；這兩種創造將毫無意義。

人類忘了坐禪，也忘了上帝。他們奮力進行第二種與第三種創造，但上帝不會施以援手。當祂連自己是誰都不知道的時候，怎麼可能提供協助呢？這世界之所以有這麼多問題，正是因為如此。遺忘創造的根源，就像失去雙親、不知所措的孩子。

活著或死去，都會製造問題。但沒關係！

明白「檀那般若波羅蜜」，就能明白我們為什麼給自己製造這麼多問題。當然，活著就會製造問題。如果我們沒有出現在這世上，父母就不用為我們煩惱！我們光是存在就給父母製造很多問題，但這沒有關係。萬事萬物都會製造問題，但世人往往以為人只要一死，一切就結束了，問題也隨之消失。可是，你的死也可能製造問題！我們的問題應該在此生就了結或化解。如果我們知道我們的行為與創造都是「恢弘的我」的餽贈，心中就不會產生執念，也不會為自己和他人製造問題。

我們應該一天一天遺忘自己做過的事；這是真正的無執。我們應該做新的事情。想要做新的事情，當然必須知道過去的事，這沒有關係。但我們不應該緊抓著過往不放，只要反思參考就行了。我們也必須對未來該做的事有點概念。但未來是未來，過去是過去。現在，我們應該做點新的事情。這是我們的態度，是我們活在這世上應有的生活方式。這就是「檀那般若波羅蜜」，為自己施予，或是為自己創造。徹底完成一件事，就是重新開始真實的「創造」。這是我們打坐的原因。銘記不忘，一切就會水到渠成。一旦忘記，世界將會充滿困惑。

修行的幾種錯誤 Mistakes in Practice

「有貪念的修行會令你感到沮喪。所以你應該對警訊心懷感激，它讓你看見你修行上的缺點。」

你應該了解一下幾種不好的修行方式。禪修的人容易陷入理想主義，你會設定一個理想或目標，然後努力達成。我常說，這種想法很荒謬。理想主義會讓你生出得失心；就算你達成理想或目標，得失心又會製造另一個理想。如果你的修行是建立在得失心之上，以理想主義的方式禪修，你是不會有時間去實現理想的。此外，你也會犧牲掉修行的關鍵。你總是在追求目標，所以你會為了未來的理想犧牲掉現在的自己。最後，你什麼也沒有剩下。這很荒謬，也不是正確的修行。但是比理想主義更糟糕的，是與別人競爭的坐禪。這是非常糟糕、拙劣的修行方式。

「只是打坐」

曹洞宗強調「只是打坐」。其實我們的修行沒有特定的名字；我們坐禪的時候，就只是坐禪，無論坐禪有沒有帶來喜悅，依然堅持坐禪。就算昏昏欲睡、心生厭倦，對日復一日坐禪感到索然無味；無論有沒有人鼓勵，我們仍持續坐禪。

即使沒有老師，僅靠自己坐禪修行，我想你還是能設法判斷自己的修行是否適當。當你對打坐感到厭倦或是厭惡，你應當知道這是一個警訊。理想主義的修行會讓人打退堂鼓。你的修行帶著得失心，不夠清淨。有貪念的修行會令你感到沮喪。所以你應該對警訊心懷感激，它讓你看見自己在修行上的缺點。在這個時候，放下錯誤、修正方向，你就能找回修行的初心。這一點非常重要。

你需要老師

只要持續修行就不用太擔心，但持之以恆非常困難，所以你必須想辦法自我激勵。但是呢，自我激勵很容易讓修行走偏了方向，所以只靠自己的力量維持清淨的修行很難。正因如此，我們需要老師。老師能幫助你修正方向。修行時有老師盯著，當然會非常辛苦。雖然辛苦，但你可以不用擔心自己的修行會不會走錯方向。

大部分的禪宗佛教僧侶，都曾在禪師的指導下吃過苦頭。聽他們說起自己遇過的困難，或許會讓你以為吃苦是坐禪的必經之路。其實不然。修行的過程吃苦與否並不重要，只要持之以恆，就能做到真正的清淨修行。雖然你並未察覺到，但你已做到。所以道元禪師才會說：「不要認為你一定會察覺到開悟。」無論你是否察覺到，真正的開悟就存在你的修行之中。

修行不是為了喜悅

另一個錯誤是為了修行的喜悅而修行。如果修行帶來快樂的感受，這不算是非常好的修行。當然也不是糟糕的修行，只是與真正的修行比起來沒那麼好。小乘佛教的修行有四種。最好的修行不帶有任何喜悅，甚至沒有心靈上的喜悅。這種修行是純粹的修行，在修行中遺忘身與心的感受，遺忘自己。這是修行的第四個境界，也是最高境界。第三個境界是在修行中感受到身體的喜悅。修行帶來快樂，而你也因為這份快樂而修行。第二個境界是身與心都感到喜悅、快樂。坐禪屬於中間的這兩個階段，因為你在修行中感到快樂。第一個境界是修行的時候，心中沒有想法，也不感到好奇。這四個境界也適用於大乘佛教的修行，而最高境界就是純粹的修行。

就算錯了，只要不放棄，也是修行

若你在修行時碰到困難，這是一種觀念錯誤的警訊，所以務必小心。但不要因此放棄修行，在知道自己有缺點的情況下持續修行。放下得失心。放下對成就的執念。不要說：「這就是開悟」或「這不是正確的修行」。即使是錯誤的修行，只要你知道自己是錯的，並且不要放棄，就能找到正確的修行。修行不可能完美，不要因為犯錯就打退堂鼓，我們應該堅持下去。這就是修行的訣竅。

對修行感到灰心的時候可能會想得到鼓勵，但其實厭倦本身就是一種鼓勵。因為感到厭倦，所以會鼓勵自己。想放棄修行是一種警訊，就好像牙齒有問題時會感到疼痛，覺得牙痛，所以會去看醫生。我們的修行也是這樣。

不要被定見與偏頗困住

定見或偏頗的想法是衝突的根源。若每個人都知道清淨修行的價值，這世界將幾乎沒有衝突。這是我們修行的祕訣與道元禪師的禪道。道元禪師在著作《正法眼藏》中反覆提及這件事。

如果你知道定見與偏頗的想法會導致衝突，就能在各式各樣的修行中找到意義，不會被任何形式困住。如果你不明白這一點，很容易就被特定的形式束縛。你會說：「這就是開悟！這就是完美的修行。這就是我們的修行之道。其他方法都不完美。」但這其實大錯特錯。真正的修行沒有特定的方法。你應該尋找屬於自己的方法，也應該了解自己現在的修行。了解特定修行的優點與缺點，修行起來才不會有危險。如果你抱持偏頗的態度，就看不到修行的缺點，只看見優點。久而久之，你會因為發現修行最不好的一面而感到灰心，這時就太遲了。別這麼笨。古代的禪師為我們點出這種錯誤，我們應對此心懷感恩。

限制你的行動 Limiting Your Activity

「有特定宗教信仰的人，態度會愈來愈像一個尖角，這個尖角朝外不朝內。我們的修行永遠把尖角朝向自己。」

我們的修行沒有特定的目標或目的，也沒有特定的崇拜對象。在這方面，我們的修行與一般的宗教修行不太一樣。偉大的中國禪師趙州曾說：「泥佛不度水，金佛不度爐，木佛不度火。」如果你有特定的崇拜對象，例如泥佛、金佛、木佛，這樣的修行不一定有用。有特定目標的修行無法為你提供完整的幫助。在你朝特定目標前進時，這樣的修行或許有用，然而一旦回到日常生活就沒用了。

沒有目的，方能節制

你或許認為修行如果沒有目標或目的，我們會無所適從。其實不然。修行沒有目的，是為了限制你的行動，也就是讓你專注於當下。心中不該有特定對象，你要限制自己的行動。如果你的心四處遊蕩，你不可能表達自己。但如果你限制自己專注於當下正在做的事，你就能表現完整的真實本性，也就是普世佛性。這是我們的修行之道。

坐禪時，把行動限制到最低程度。維持正確姿勢，全神貫注打坐，這是我們表現普世本性的方式。於是我們成為佛，表現出佛性。因此，我們不崇拜任何對象，只專注於每個當下的行動。叩首時叩首，打坐時打坐，吃飯時吃飯。這樣就是在表現普世本性。日語叫做「一行三昧」。三昧是「專注」，一行指的是「一次修行」。

任何信仰都可以坐禪

有些來這裡坐禪的人信仰的是其他宗教，我覺得無所謂。我們的修行與特定的宗教信仰無關。面對我們的修行方法，你不需要猶豫，無論你信仰的是基督教、神道教或印度教都沒問題。我們的修行人人適用。有特定宗教信仰的人，態度會愈來愈像一個尖角，這個尖角朝外不朝內。然而我們的修行並非如此。我們永遠把尖角朝向自己，而不是朝外。所以如果你信仰的不是佛教，不用擔心宗教之間的差異。

趙州禪師提到的三種佛，是為了提點以特定的佛為崇拜對象的修行人。一種佛無法完整滿足你的需要，你偶爾必須拋下或至少忽視你崇拜的佛。但若是你了解我們的修行祕訣，無論你去到何處，你自己就是「老大」。碰到任何情況你都無法對佛視而不見，因為你自己就是佛。只有這種佛能為你提供完整的幫助。

研究自己 Study Yourself

「佛法有沒有感動你並不重要；我們做自己該做的事，比如吃飯和睡覺。這就是佛法。」

研究佛法的目的不是研究佛法，而是為了研究自己。如果沒有人教導，我們不可能研究自己。想要知道水是什麼，你需要科學，而科學家需要實驗室。實驗室有各種研究水的方法，所以我們可以知道水的組成元素、水的各種形態與水的性質。但是，這些都無法讓我們了解水的本身。了解自己也是一樣。我們需要有人教導，但光是研究教導的方式不可能了解「我」是什麼。教導或許可以幫我們了解人性，但教導不能與我們自身畫上等號，它只能提供部分解釋。

覺察自己，不能依賴老師

如果你執著於教導，或執著於老師，那你就大錯特錯了。你應該在遇見老師的那一刻離開老師，你應該獨立。你之所以需要老師，是因為你能藉此變得獨立。不依附於老師，老師才能為你指點迷津。你需要老師是為了自己，不是為了老師。

古時候有位中國禪師叫臨濟義玄，他分析過如何用四種方式教導弟子。有時他會與弟子討論弟子本身，有時他會討論教導本身，有時他會針對弟子或教導提供見解，有時則是完全不給弟子任何指示。他知道就算不給任何指示，學生仍是學生。嚴格說來，學生是不用教的，因為學生本身就是佛，儘管他本人不一定察覺到這一點。若是他察覺到自己的真實本性，並且對這種覺察懷抱執念，這已是一種錯誤。沒有察覺這件事的他擁有一切，一旦察覺到了，並且以為他察覺到的就是他自己，這是很大的錯誤。

如果老師什麼都沒有告訴你，你只是自己打坐，這叫做不教之教。但有時候這種教導還不夠，所以我們要去聽課、要跟別人討論。但我們應該記住，在特定的地方修行，是為了研究自己。研究自己，是為了獨立。像科學家一樣，我們研究自己也需要方法。我們需要老師，因為光靠自己的力量研究自己是不可能的。還有個錯誤要特別注意。你不能把老師教你的東西當成自己的全部。跟隨老師學習是日常生活的一部分，是你眾多活動當中的一個。因此，修行與其他日常活動沒有差別。在禪堂裡尋找生命的意義，就是尋找日常生活的意義。坐禪是為了覺察生命的意義。

我心不為所動，佛法亦不好不壞

我在日本的永平寺禪修時，每個人都只是做自己該做的事。如此而已。每天早上如常醒來，如常起床。在永平寺裡，該打坐時就打坐，該向佛陀叩首時就叩首。如此而已。我們不覺得禪修有什麼特別之處，甚至不覺得自己是苦行的僧人。對我們來說，僧院的日子稀鬆平常，城裡來的訪客才是特別的。我們看到他們時會覺得：「喔，這些人真特別！」

離開永平寺一段時間之後，再回去感覺就不一樣了。我聽見禪修的各種聲響——鐘聲與僧人念經的聲音——這給我很深的感觸。我的眼睛、鼻子、嘴巴都湧出淚水！寺外的人才會為寺院的氣氛感動。在寺內修行的人不會有特別感受。我想，萬事萬物都是如此。在起風的日子聽見松樹的聲音，風只是做它該做的事，松樹也只是在風吹過時像平常一樣直立。這只是它們的日常。但是聽見風吹過樹梢的人類會提筆寫詩，或是有特別的感動。我想，萬事萬物都是如此吧。

所以，佛法有沒有感動你並不重要。你對佛法的感受是好是壞也不重要。我們的心不為所動。佛法不好也不壞。我們做自己該做的事，這就是佛法。我們當然需要一些鼓勵，但鼓勵只是鼓勵而已。鼓勵不是修行的目標，鼓勵只是輔助的藥物。我們感到心灰意冷的時候，會想吃點藥。精神奕奕的時候就不需要吃藥了。你不該誤把藥物當成正餐。有時候吃藥是必須的，但是藥不能當飯吃。

研究自己，討論自己，遺忘自己

臨濟義玄的四種教導之中，最上乘的教導是不給學生任何關於學生自己的見解，也不提供任何鼓勵。如果我們認為身體等於自己，那麼教導就像是衣服。我們有時候討論衣服，有時候討論身體。但其實身體和衣服都不是真正的自己。自己是恢弘的活動，我們只表現出這恢弘活動裡最小的一部分，如此而已。我們當然可以討論自己，只不過事實上沒有必要。我們在開口說話之前，就已經表達了包括我們自己在內的恢弘存在。因此，討論自己是為了在我們對這恢弘活動短暫的特定色相抱有執念時，導正這種誤解。我們需要討論身體是什麼、活動是什麼，這樣才不會對它們產生誤解。所以，討論自己，其實就是遺忘自己。

道元禪師說：「研究佛法就是研究自己。研究自己就是遺忘自己。」當你對真實本性的短暫表現產生執念，就必須討論佛法，否則你會誤把短暫的表現當成真實本性。真實本性的短暫表現，不能與真實本性畫上等號，但它確實就是真實本性！在某一段期間，它就是你的真實本性，僅僅短暫一瞬，並非恆常：下一瞬間它就不再是你的真實本性。為了領悟這個事實，你必須研究佛法。但是，研究佛法是為了研究自己和遺忘自己。當我們遺忘自己，我們就是恢弘存在的真實活動，也就是現實本身。明白這個事實之後，世上再也沒有值得我們煩惱的事，我們可以自在享受生命。修行的目的就是覺察這個事實。

磨磚成鏡 To Polish a Tile

「當你成為你，禪會成為禪。當你是你，你會看見事物的本來面目，而你也與身處的環境合而為一。」

禪宗小故事又叫公案，在你知道我們每個當下的作為有何意義之前，公案很難看懂。但若是你對於我們每一刻的作為瞭若指掌，你會發現公案並不難懂。

青蛙很有趣

公案小故事很多，我常講青蛙的故事，大家都笑得很開心。青蛙很有意思，牠也和我們一樣愛打坐，但是牠不覺得這是什麼特別的事。你到禪堂打坐時，或許覺得自己在做一件特別的事。畢竟當你的老公或老婆還在呼呼大睡的時候，你已經起床坐禪了！你正在做特別的事，你的另一半卻這麼懶惰！這或許是你對坐禪的理解。但是看看青蛙。青蛙也像我們一樣靜靜坐著，可是牠沒有坐禪的概念。觀察一下青蛙，當牠碰到干擾時，牠會面露不悅。如果有食物靠近，牠會「咻」地一口吃掉。其實我們坐禪也是這樣——不是什麼特別的事。

任何行為皆是坐禪

我來講一個類似青蛙的公案小故事。有個很有名的禪師叫馬祖道一，他是南嶽懷讓禪師的弟子，而南嶽懷讓師承六祖慧能。馬祖道一跟著懷讓禪師學禪，有一天他正在打坐。馬祖禪師身形壯碩，他的舌頭很長，碰得到鼻子，說起話來聲如洪鐘。他肯定是個擅長坐禪的人。懷讓禪師看到他的坐姿猶如一座大山，也像一隻安靜的青蛙。懷讓禪師便問：「你在做什麼？」馬祖禪師說：「我在坐禪。」「你為什麼要坐禪？」「我想開悟，我想成佛。」你猜得到懷讓禪師接下來做了什麼嗎？他拿起一塊磚，開始用石頭打磨。日本的磚瓦出窯之後，會再打磨修飾一番。懷讓禪師動手磨磚，馬祖禪師問：「你在做什麼？」懷讓禪師答：

「我想把磚磨成鏡子。」馬祖禪師問：「磚怎麼可能磨成鏡子？」懷讓禪師答：「坐禪怎麼可能成佛？你想成佛？佛就在你的平常心之中。馬車無法前進時，你揮動鞭子打的是車，還是馬？」

懷讓禪師的意思是，任何行為都可以是坐禪。無論是躺在床上或坐在禪堂都一樣，真正的坐禪不受限制。如果你的另一半還沒起床，那也是坐禪。如果你心想：「我坐在這裡，他卻還沒起床」，那麼即使你在這兒盤腿打坐，也不是真正的坐禪。你應該永遠像隻青蛙。那才是真正的坐禪。

道元禪師聊到這個公案時，他說：「馬祖禪師成為馬祖禪師的同時，禪也成為禪。」馬祖禪師成為馬祖禪師，他的坐禪才是真正的坐禪，於是禪成為禪。什麼是真正的坐禪？就是你成為你的時候！若你是你，做什麼都是坐禪。躺在床上的你，說不定大部分的時候並不是你。即使人在禪堂裡打坐，我也懷疑你是不是真正的你。

像青蛙一樣，就不會迷惘

還有一個公案也很有名。瑞巖彥禪師經常呼喚自己。他會說：「主人公？」然後自己回答自己：「在！」「主人公？」「在！」當時他獨居在一座小禪堂裡，他當然知道自己是誰，但有時候他會感到迷惘。每當他感到迷惘時，他就會呼喚自己。「主人公？」「在！」

如果我們像青蛙一樣，就不會感到迷惘。其實青蛙偶爾也會迷惘，露出一臉不悅。若有食物經過，牠會「咻」地一口吃掉。我認為，青蛙經常呼喚自己，你也應該試試。就連坐禪的時候，你也會感到迷惘。當你昏昏欲睡，或是心思四處遊蕩時，就會迷惘。你會感到兩腿痠痛，並且會想：「我的腿怎麼這麼痛？」這就是迷惘。因為迷惘，所以問題成了問題。只要你不迷惘，就算碰到困難，也不會覺得有任何問題。你就坐在問題裡面。當你是問題的一部分，或是當問題是你的一部分，問題就不存在了，因為你就是問題本身。問題就是你自己。若然如此，問題並不存在。

喚回自己，問題就不再是問題

當你的生命與環境合而為一——也就是當你把自己呼喚回來，回到當下——問題就不存在。當你的心思四處遊蕩，陷入某種與你無關的妄念，你身處的環境不再真實，你的心也不再真實。如果你相信妄念，你身處的環境也會變成霧濛濛的妄念。一旦陷入妄念，妄念將永無止境。你會不斷生出虛假的妄念。多數人都生活在妄念裡，為自身的問題所苦，並嘗試解決問題。但是活著，就是活在問題裡。想要解決問題，就要成為問題的一部分，與問題合而為一。

那麼，你揮動鞭子要打的是車，還是馬？是自己，還是問題？如果你不確定該打哪一個，就表示你已經開始遊蕩。鞭子打馬，車子就會前進。本質上，車與馬毫無二致。當你是你，就不會有該打車還是打馬的疑問。當你是你，坐禪就是真正的坐禪。你坐禪，你的問題也坐禪，萬事萬物也跟著坐禪。就算你的另一半還沒起床，他們也在坐禪！但如果你的坐禪不是真正的坐禪，你的另一半和你會是相當不同、相當無關的存在。如果你的修行是真正的修行，萬事萬物亦將以我們的方式與我們同步修行。

所以我們應該經常呼喚自己，像個為自己檢查身體的醫生。這非常重要。這樣的修行應該時時刻刻進行，持續不斷。我們說：「有黑夜才有黎明。」這句話的意思是，黎明與黑夜之間沒有界線、緊密相連。

夏季尚未結束，秋季已經到來。我們應該用這種方式去體會生命。帶著這份體會修行，用這樣的方式解決問題。處理問題時專心一意，這樣就夠了。打磨磚瓦，就是我們的修行。修行不是為了把磚磨成鏡。只要持之以恆打坐，這就是真正的修行了，有沒有機會成佛不重要，磚能否磨成鏡不重要。帶著這份體會行立坐臥，是最重要的一件事。這是我們的修行。是真正的坐禪。

所以我們說：「吃飯時吃飯！」你應該要專心吃飯。有時候，你吃得心不在焉，即使正在吃飯，心思卻在別的地方，食不知味。不過只要吃飯的時候能專心一意，就沒有問題了。一點都不用擔心。這意味著你是你自己。

當你是你，你會看見事物的本來面目，而你也與身處的環境合而為一。這才是你的真實自我。這是真正的修行，青蛙的修行。青蛙的修行值得效法——當青蛙成為青蛙，禪會成為禪。等你將青蛙了解透徹，就能夠開悟成佛。你也能為其他人帶來善的影響：丈夫、妻子、兒子、女兒。這就是坐禪！

堅定 Constancy

「了解虛空的人能以堅定的態度解決問題。」

今天要傳達的訊息是「培育自己的心靈」。這句話的意思是，不要在己身以外的地方尋覓。這件事非常重要，也是禪修的不二法門。當然研讀經書、誦經、打坐等活動都是禪，每一個都是。但要是你的努力和禪修方向不正確，就一點用也沒有。非但徒勞無功，還可能破壞你的清淨本質。於是你愈是禪修，破壞的程度就愈深。你的心將裝滿垃圾，沾滿汙垢。

大量蒐集資訊，不如先澄澈心靈

我們經常從多種來源蒐集資訊，認為這樣可以增加知識。事實上，這反而會讓我們得不到任何知識。我們對佛法的理解，不應該只是藉由蒐集資訊來增加知識。與其蒐集資訊，不如清除心中的雜念。當心思變得澄明，你就已擁有真正的知識。以清淨澄明的心聆聽教誨，就能把教誨當成你已經知道的事並欣然接受。這叫做虛空（emptiness）、全能自我（omnipotent self）或無所不知。無所不知的你猶如漆黑夜空。偶爾會有一道閃電劃過天際。閃電結束後，你已忘了它，只剩下一片夜空。突如其來的雷鳴不會令天空感到驚訝。當閃電劃過天際的時候，或許能顯現美麗的天空。擁有虛空，就能隨時做好看見閃電的準備。

中國的廬山以霧景聞名。我還沒去過中國，但那裡應該有很多美麗的山。雲霧繚繞的山肯定很漂亮。儘管如此，中國卻有這樣一首詩：「廬山煙雨浙江潮，未到千般恨不消，及至到來無一事，廬山煙雨浙江潮。」雖然「無一事」，但景致依然壯觀。這是我們欣賞事物的方式。

不要收藏知識，而是從中掙脫

所以，你應該欣然接受，把它當成你已經知道的事來聆聽。但這意思並不是把資訊當成個人意見的呼應。這句話的意思是，你無須對所見、所聞感到驚訝。如果你把資訊當成個人意見的呼應，你不會真的理解它，不會完整接受它的本來面目。因此「廬山煙雨」這首詩說的不是一邊回憶以前看過的景色，一邊評價眼前的景色：「沒這麼好看。我以前就看過了。」或是「我的畫作比這漂亮多了！廬山沒什麼了不起！」這不是我們的處世之道。如果你隨時都能接受事物的本來面目，就能對待它們如同老朋友，帶著新的感受去欣賞它們。

我們不應該儲藏知識；我們應該從知識中掙脫。如果你將各種知識當成收藏品一樣收集，這樣的收藏或許很厲害，但那不是我們的處世之道。我們不該拿美好的收藏去向別人炫耀。我們不該對特別的東西有興趣。想要充分欣賞事物，你應該先忘記自己。接受它，如同閃電劃過漆黑夜空。

虛空可以跨越語言、國籍、宗教

有時候我們以為，我們不可能理解不熟悉的事情。其實，世上沒有我們不熟悉的事情。有些人說：「了解佛法幾乎是不可能的，因為文化背景天差地遠。我們怎麼可能了解東方思想？」是的，佛法與文化背景確實無法切割。但是，當日本佛教徒來到美國之後，他就不再是日本人。我在你們的文化背景裡生活，我吃的東西和你們幾乎一樣，我用你們的語言跟大家溝通。哪怕你們無法百分之百了解我在說什麼，我依然想要了解你們。我對你們的了解，說不定超越任何一個會說英語的人。就算我完全不懂英語，我想我還是可以溝通無礙。只要我們存在於漆黑的夜空，活在虛空裡，永遠有理解的可能性。

「堅定」的修行

我常說，想了解佛法一定要有耐心。不過我一直在找一個比「耐心」更貼切的詞。日語中的「忍」常譯為「耐心」，但或許更貼切的譯法是「堅定」。「耐心」是逼出來的，但「堅定」不費力氣——只需要接受事物的本來面目就行了。不懂虛空的人，會以為這種能力就是耐心，其實耐心有可能意味著不接受。了解虛空的人（哪怕只是出於直覺）永遠對事物的本來面目抱持開放的接受態度。他們欣賞一切。無論做什麼，就算很困難，他們都能以堅定的態度解決問題。

「忍」是培育心靈的方法，也是我們持續修行的方法。我們應該活在漆黑、空無一物的夜空裡。天空永遠是天空。即使有雲朵和閃電來來去去，天空依然不為所動。開悟如閃電突然出現，我們的修行也會將它遺忘。然後準備迎接下一次開悟。可能的話，我們需要一次又一次的開悟，一瞬接著一瞬。這是所謂的悟前與悟後的開悟。

溝通 Communication

「不要用什麼花俏的方式刻意調整自己，盡量表達真實的自己是最重要的事。」

溝通對禪修來說非常重要。我英語說得不是非常好，所以我一直在找跟你們溝通的好方法。我覺得我在這方面的努力會有很好的收穫。我們說，如果你不懂禪師在說什麼，就稱不上是他的弟子。了解禪師在說什麼，或是了解禪師的語言，就是了解禪師本身。當你了解禪師，你會發現他的語言不是普通的語言，而是廣義的語言。透過禪師的語言，你了解到的不只是他說出口的話語。

不只是話語，禪師也透過行為舉止開釋

我們說話時，一定會牽涉主觀意圖或情境。所以言詞表達不可能盡善盡美，

一定會有某種程度的扭曲。儘管如此，我們必須藉由禪師的話語了解客觀事實——也就是終極事實。所謂的「終極事實」指的不是永恆不變的事情，而是事情在每個當下的本來面目。可以稱之為「存在」或「現實」。

藉由經驗直接了解現實，是我們禪修的原因，是我們研究佛法的原因。藉由研究佛法，你會了解自己身為人類的本性，你的智力，以及存在於你行為裡的真理。在你追求對現實的了解時，你可以把自己的人類本性納入考量。但唯有親身禪修，你才能直接體驗現實並藉此明白禪師與佛陀的各種話語。嚴格說來，現實是無法言說的。但是身為禪修的學生，你必須透過禪師的話語直接了解現實。

禪師的直接開示不只存在於話語裡，行為也是他表達自己的方式。禪修強調行為舉止。所謂的「行為舉止」指的不是循規蹈矩，而是自然的表達。我們強調的是坦白直率。你應該忠於自己的感受、自己的心，毫無保留地表達自己。這樣可以幫助對方了解你。

放棄成見，方能聆聽

聽別人說話時，應該放下所有的成見與主觀意見。你應該專注聆聽，觀察對方的舉止。盡量不去思考是與非、好與壞。只理解對方言談內容的本來面目，並且接受。這是我們彼此溝通的方式。當你聆聽別人說話時，通常你會聽見呼應自己的部分，其實你聽到的是自己的想法。如果與你的想法一致，你就會接受；如果不一致，你會否定或甚至充耳不聞。這是聆聽別人說話時的危險之一。還有一種危險是陷入字面上的意義。如果你不能了解老師話語中的真義，就很容易陷入自已的主觀想法，或是陷入特定的表達方式。你會用字面意義去解讀對方說的話，不明白背後的精神。這種危險很常見。

因應情境改變自己說話的方式

父母和子女很難好好溝通，因為父母說話時總是帶著意圖。他們的意圖幾乎總是良善的，問題是他們說話或表達的方式沒那麼到位，經常是片面而不切實際的。我們都有自己的表達方式，隨著情境改變表達很難。如果父母可以根據情境調整自己的表達方式，教育子女就不會那麼危險。不過這件事很難。就連禪師也有各自習慣的表達方式。西有禪師每次斥責弟子，都會說「走開！」，有次一名弟子居然當真了，直接離開禪院！但禪師的意思不是要趕他走，他嘴上說「走開！」，實際上的意思是「小心！」如果你的父母也有類似的習慣，你很容易誤會他們。這種危險存在於日常生活之中。身為一個聆聽者或一個弟子，你必須摒除各種扭曲的解讀。充滿成見、主觀意圖與習慣的心，無法接受事物的本來面目。正因如此，我們才需要坐禪；把心中環環相扣的雜念清除乾淨。

在忠於自我與配合他人之間找到平衡

在忠於自我的同時，以最適當的方式去配合別人的言行，其實相當困難。若是我們刻意調整自己，就不可能忠於自我。刻意調整自己，會使你失去自我。不要用什麼花俏的方式刻意調整自己，盡量自在表達真實的自己是最重要的事，能使自己快樂，也能使別人快樂。

坐禪能讓你獲得這種能力。禪不是花俏的、特別的生活技巧。禪修是學習活在現實的每一個當下。認真過好每一刻，就是我們的修行之道。其實，我們這輩子唯一能研究的事，就是每一個當下正在做的事。我們甚至無法直接研究佛陀的一言一語。想要研究佛陀話語中的真義，必須透過你在每個當下面對的行為來研究。

因此，我們應該全心全意專注於自己的作為；我們應該忠於自我，不分主觀與客觀，尤其是忠於自己的感受。當你感覺不太舒服的時候，以不帶附加條件或意圖的方式表達出來會比較好。你可以說：「抱歉，我覺得不舒服。」這樣就夠了。不要說：「都是你害的！」這樣就太過了。你也可以說：「對不起，我真的很生你的氣。」一生氣時，不需要說自己不生氣。你應該說：「我很生氣。」這樣就夠了。

真正的溝通仰賴彼此的直率坦誠。禪師都非常坦率。如果你無法直接了解禪師話語中的真義，他說不定會給你一棍。他可能會說：「你怎麼聽不懂!?」我們的修行之道非常直接。但這不算是真正的禪。這不是傳統的修行方式，只是偶爾我們認為用這種方式表達比較容易。不過，最好的溝通方式是安靜打坐，保持靜默。你能藉由打坐參透禪的意義。如果我拿棍子打你，打到迷失自己或是打到你死掉，這樣仍是不夠的。打坐是最好的方法。

正面與反面 Negative and positive

「恢弘的心是用來表現的，不是用來思索的。恢弘的心是你本來就有的，不需要刻意尋找。」

愈是深入了解我們的思想，愈是明白用言語討論思想很難。我和你們說話，是為了幫助你們認識我們的修行之道，但其實修行不是用嘴巴說，而是要身體力行。最好的作法是專心修行，什麼都不說。

行當所行之事，就是修行

用言語討論修行之道，很容易引起誤解，因為真正的修行之道至少會有兩個面向：反面與正面。討論反面，就會漏掉正面；討論正面，就會漏掉反面。我們不可能同時討論正面與反面。所以，我們會不知道該怎麼說。佛法幾乎是不可言說的。什麼都別說，做就對了，這是最好的修行方式。可以伸出一根手指、畫一個圓圈，或是單純的叩首。

明白了這一點，就會知道如何討論佛法，也能有完整的溝通。討論會成為修行的一部分，聆聽也是。坐禪時專心坐禪，沒有得失心。討論時專心討論，正面或反面的內容都可以，不要試圖展現知性或表達片面的想法。聆聽時專心聆聽，不要試圖做知性的詮釋，也不要只從片面的角度去理解。這是我們討論佛法的方式，也是我們聆聽的方式。

修行不分大乘與小乘

曹洞宗的修行包含雙重涵義：正面與反面。我們的修行是大乘佛教和小乘佛教兼具。我常說，我們的修行充滿小乘風格。其實我們是大乘為體，小乘為用——修行的形式很嚴格，但修行的心無拘無束。雖然我們的修行看起來很注重形式，但我們的心完全不是這樣。我們每天早上都用同樣的方式坐禪，其實這不能稱為有形式的修行。形式來自你的主觀區分，而修行本身沒有形式的分別。

若你有大乘佛教的心，別人所說的形式在你身上或許並不成立。所以我們說，遵循小乘佛教的戒律，就是違背大乘佛教的戒律。只在形式上遵循戒律，又會失去大乘佛教的精神。不明白這一點，你心中會有揮之不去的疑惑：到底應當遵循形式，還是不要把既有的形式放在心上。等你完全明白我們的修行之道，就不會有這種疑惑了，因為修行就是修行，無須拘泥於形式。只要擁有大乘佛教的心，修行就不分大乘與小乘。即使表面上看似違背戒律，實際上並非如此。重點是你有一顆恢弘的心還是狹隘的心。簡言之，做任何事之前不要思考這麼做是好是壞，投入全副身心去做，這就是我們的修行之道。

不逞口舌之快，亦可展現恢弘

道元禪師說：「你說的話，對方不一定會接受，即便如此，也不要試圖讓對方理解你說的話。不要與對方爭論。聆聽他如何反駁，等他自己發現錯處。」這非常有意思。與其把你的想法強加在別人身上，不如和對方一起思考。如果你覺得自己辯贏了，這種態度也是錯的。不要在口舌上爭輸贏，靜靜聆聽就好。覺得自己辯輸了，也一樣不對。我們開口說話時，很容易想要說服對方接受我們的教導或想法。但是，禪修的學生無論是說話或聆聽都不帶有特殊目的。我們有時聽，有時說，如此而已。就像打招呼一樣：「早安！」我們藉由這樣的溝通，發展屬於自己的修行之道。

什麼都不說也很好，但我們沒有必要時時保持靜默。無論你做什麼，甚至什麼也不做，都可以是修行。這是「恢弘的心」的表現。恢弘的心是用來表現的，不是用來思索的。恢弘的心是你本來就有的，不需要刻意尋找。恢弘的心是用來討論或藉由行為表現的，也是用來享受的。如果能做到這一點，我們遵循的戒律不會有大乘小乘之分。想要借助修行的形式而有所收穫，這樣的心態會成為問題。但是，如果能把問題都當成恢弘的心的表現，問題就不再是問題。有時候，我們的問題是恢弘的心非常複雜，有時候則是簡單到難以參透。這也是恢弘的心。只是因為你想要參透它，想要把複雜的心簡化，所以它才會變成問題。因此，人生中會不會遇到問題取決於你的態度和你自身的領悟。因為真理有正反兩面或矛盾的性質，秉持大乘佛教的恢弘的心，應該就不會有問題了。真正的坐禪，可幫你獲得恢弘的心。

涅槃，瀑布 Nirvana, The Waterfall

「生與死是同一件事。明白這個道理，對死亡將不再恐懼，生命中也不會有真正的困難。」

如果你有機會去日本的永平寺，進入寺院之前會看到一條叫做「半勺橋」的小橋。以前道元禪師從溪裡舀水時，永遠只用半勺水，並把剩下的水倒回溪裡。所以這座橋才叫做半勺橋。我們在永平寺洗臉時，臉盆裡的水只裝七分滿。洗完臉，剩下的水往身體的方向潑，而不是往外潑。這是為了表達對水的敬意，不是為了節約。道元禪師把半勺水倒回溪裡的原因很難解釋。這種修行方式超越常人的思維。當我們感受到溪水之美，當我們與溪水合而為一，自然會像道元禪師一樣。這是我們的真實本性。但如果你的真實本性被節約或效率等想法蒙蔽，你會覺得道元禪師的作法並不合理。

從瀑布觀人生

我去過優勝美地國家公園，看到幾個巨大的瀑布。最高的瀑布有一千三百四十英尺高，水流從山頂奔騰垂瀉，猶如簾幕。水流的速度看起來沒有想像中那麼快，因為隔著一段距離，看起來似乎流得很慢，也不像完整的一條溪流，而是有許多小小的細流。從遠方看過去像一道水簾。我想，對瀑布裡的每一滴水來說，要從那麼高的山頂流下來肯定困難重重。這很花時間，從頂端流到底部得費一番工夫。

我想人類的生命或許也是如此。我們一生中也會遇到許多困難。但另一方面，瀑布頂端的水最初不是分開的，而是完整的溪流。分散成小小的細流之後，才在落下時碰到困難。當水是完整的溪流時，它沒有任何感覺。分散成許多細流之後，才開始擁有或表現出感覺。當我們觀察完整的溪流時，感受不到水的活力。但是當我們舀起一勺溪水，就能體會水的感覺，也同時感受到使用這勺水的人的價值。用這種方式去感受水、感受自己，就不會把水當成物質來對待。水是有生命的。

與宇宙一體的我們，脫離一體的我們

出生之前的我們沒有感覺，我們和宇宙同為一體。這叫做「唯心」、「本性」或「恢弘的心」。藉由出生，我們脫離了一體性，就像瀑布的水被風與岩石切開，於是我們有了感覺。因為有感覺，所以才會遇到困難。你對自己的感覺產生執念，卻不知道這種感覺是怎麼來的。因為不明白你和溪流同為一體，和宇宙同為一體，所以你感到恐懼。無論水是不是涓滴細流，水就是水。生與死是同一件事。明白這個道理，你對死亡將不再恐懼，生命中也不會有真正的困難。

水與溪流再度合而為一之後，不再擁有任何個別的感覺；它恢復了本性，從容自在。回到原本的溪流裡，是多麼快樂的事！若然如此，死後的我們會有怎樣的感覺？我想，我們就像勺子裡的水。回到溪流裡的我們，也將是從容自在的。對現在的我們來說，那樣的狀態或許太過完美，因為我們對自身的感覺與個別的經驗仍有許多執念。現在的我們對死亡仍有恐懼，但是等我們恢復真實本性，就能找到涅槃。所以我們說：「涅槃就是逝世。」「逝世」不是很恰當的說法。或許用「接續」、「延續」或「加入」會比較好。你願意想想哪些詞彙更適合描述「死亡」嗎？如果你能想到，你會對生命有新的詮釋。就像我看見大瀑布裡的水而得到的體悟。想像一下！一千三百四十英尺的高度！

讓身心合而為一

我們說：「萬法皆空。」一條完整的溪流、一個完整的心智都是空。有這樣的領悟，就能理解生命的真諦。有這樣的領悟，就能體會人生的美好。在領悟到這個事實之前，我們眼中所見皆為虛妄。有時我們會高估人生的美好，有時會低估或視而不見，因為狹隘的心與現實並不一致。

這道理說起來容易，但實際去感受沒這麼簡單。坐禪可幫助你培養這種感受。當你可以全身心投入坐禪，在宇宙大心（universal mind）的力量下與身心合而為一，就能輕鬆得到這種正確的領悟。你的日常生活將會煥然一新，不再執著於你對生命的錯誤詮釋。明白這個事實後，你會發現過去的詮釋毫無意義，也會知道自己花了多少無謂的力氣。你會找到生命的真實意義，雖然從瀑布頂端墜落到底部的過程困難重重，你還是會樂在其中。

第三部

正確的領悟

「我們對佛法的領悟
不僅是知性上的領悟。
真正的領悟在於修行本身。」

傳統禪宗精神 Traditional Zen Spirit

「如果你汲汲營營於開悟，你在造業的同時也受到業的驅策，只是坐在黑色蒲團上浪費時間。」

身體的姿勢與呼吸的方法，是修行最重要的兩件事。我們不須擔心自己對佛法有沒有深刻的了解。做為一種哲學，佛法是非常深奧、博大、堅定的思想系統，但是禪宗關注的不是哲學，而是修行。我們應當明白姿勢與呼吸練習的重要性。與其深入鑽研佛法，不如對佛法培養堅定的信心，佛法說，人人均有佛性。我們的修行建立在這樣的信念之上。

以頓悟為目標修行，只是造業

菩提達摩還沒去中國之前，幾乎所有的禪宗術語都已在中國使用。「頓悟」

就是其中之一。其實頓悟不是很貼切的翻譯，但我暫且使用這個詞來表達。頓悟指的是突然降臨的開悟，是真正的開悟。在達摩之前，大家以為頓悟需要長期的準備。因此，禪修像是一種開悟前的訓練。事實上，今天仍有許多人抱持這種想法坐禪。但這不是傳統的禪宗觀念。

佛陀傳承給我們的觀念是當你開始坐禪之後，不需要任何準備也能開悟。無論你是否坐禪，你都擁有佛性。因為你有佛性，修行裡自有開悟。我們重視的不是自己達到什麼境界，而是堅定相信自己的本性與修行的真誠。禪修時，應抱持著與佛陀相同的真誠。我們本就擁有佛性，所以坐禪也是為了效法佛陀。傳承修行之道，就是傳承佛陀的精神。所以，我們必須以傳統的方式讓心靈、姿勢與行為維持和諧。你當然可以藉由修行達到某種境界，但是修行的精神不應該以自我本位為基礎。

傳統佛法認為，人類的本性裡沒有自我。當我們沒有自我的念頭，就能用佛陀的眼光看待生命。自我本位的想法都是妄念，會蒙蔽佛性。我們一直在製造和遵循這樣的想法，並且在不斷重複的過程中，自我本位的想法漸漸占據我們的生命。這叫做業報，也叫做業（karma）。有佛性的生命，不應該是業報的生命，我們修行的目的，就是切斷為業報煩惱的心。如果你汲汲營營於開悟，這也是業報的一部分，你在造業的同時，也受到業的驅策。你只是坐在黑色蒲團上浪費時間。達摩認為，懷抱著得失心的修行只是在反覆造業。許多後來的禪師都忘了這一點，所以才會強調修行能達到怎樣的境界。

正確的努力，正確的心態，正確的姿勢

比起修行的境界，更重要的是真誠，是正確的努力。正確的努力，必須來自對傳統修行有正確的理解。明白這個道理，你才會知道正確的姿勢有多重要。如果你不明白這個道理，姿勢與呼吸都只是你追求開悟的手段。抱持這樣的態度，還不如去嗑藥比較快，別在這裡打坐了！如果修行只是為了開悟，你永遠無法開悟！為了追求開悟而修行，就失去了修行的意義。但如果我們對修行之道堅定不移，就已經得到開悟。堅信自己的道路，開悟就在面前。如果你對當下的修行意

義沒有信念，什麼都無法達成。你只是帶著「猴心」在目標的周圍遊蕩。你一直在追尋什麼，卻不知道自己在幹嘛。如果你想看見東西，就應該睜開眼睛。不懂達摩的禪道，無異於閉著眼睛去看東西。這並不代表開悟不重要，而是最重要的是當下，不是未來的某一天。我們必須在當下付出努力。這是修行時最重要的事。

想開悟的心，跟猴子的心沒有區別

在達摩之前，針對佛陀思想的研究漸漸變成博大精深的佛教哲學，大家努力達成崇高的佛教理想。然而這樣不對。達摩發現，創造崇高或深奧的理念，再試圖透過坐禪來實現理念，這樣是不對的。如果我們也是這樣坐禪，那坐禪與其他行為、與猴心沒有區別。表面上看起來很好、很偉大、很神聖的行為，實際上跟猴心一樣。這是達摩強調的重點。

即使是佛陀，開悟後也要繼續修行

佛陀開悟之前，他為我們盡了最大的努力，最後他把各種方法都了解得很透徹。你或許以為，佛陀是掙脫了業報才得到開悟，其實不然。佛陀開悟之後，說了很多與自身經驗有關的故事。他和我們沒有兩樣。

當時他的國家正在與強大的鄰國打仗，他把他自己的業報告訴弟子，還說他看見國家即將被鄰國的國王征服時有多痛苦。如果他已經開悟、掙脫業報，他不會如此痛苦。即使在他開悟之後，他仍持續修行，和我們一樣。但是他對生命的觀點非常堅定。他的生命觀堅若磐石，他觀察世人的生命，也觀察自己的生命。他觀察自己與他人，也用同樣的眼睛觀察石頭、植物與一切。他用非常科學的角度理解世界。這是他開悟之後的生活方式。

持續做禪，持續修行

秉持傳統的精神一路遵循真理，修行時不帶任何自我本位思想，才能得到真正的開悟。明白了這一點，我們將時時刻刻盡最大的努力。這是真正對佛法有所領悟。不只是知性上的領悟，領悟本身亦是佛法的表現，是一種修行。只有透過真真切切的修行，我們才能夠理解佛法，這是靠閱讀或思考做不到的。所以我們應該持續坐禪，對自己的真實本性懷抱堅定信念，打破業報的鎖鏈，在修行的世界裡找到自己的位置。

無常 Transiency

「我們應該藉由不完美的存在，找到完美的存在。」

佛法的基本觀念是無常，也就是變化，世事無常是存在的基本真理，沒有人能夠否定這個真理，它是佛法教誨的精髓所在。這是我們每個人都應學習的觀念，無論我們身在何處，這個觀念都是成立的。這個觀念也可以理解為無我（selflessness），每個存在都在不斷變化，所以沒有恆常不變的自我。事實上，每個存在的自性（self-nature）就是變化本身，這裡指的是萬物的自性。所有存在的自性都不是特別的、個別的。這也叫做涅槃觀。當我們明白「世事無常」這個不變的真理，並且在其中找到從容自在，就會達到涅槃。

接受無常，方能解脫

不接受世事無常，就不可能找到徹底的從容自在。儘管如此，我們卻很難接受這個事實，著實可惜。因為接受不了世事無常，所以感到痛苦，痛苦的根源就是我們不接受這個真理。

痛苦與無常這兩個道理，實為一體兩面。主觀上，無常是痛苦的來源。客觀上，世事無常只是基本的真理。道元禪師說：「聽起來不像強迫你接受的道理，就不是真正的道理。」道理本身是成立的，本質上，道理沒有強迫我們接受任何事，但我們一看見道理就覺得自己是在被迫接受，這是人性使然。無論我們覺得它是好是壞，真理就是真理，不會消失。若這世上什麼都沒有，這個真理自然不會存在。佛法是因為萬物的存在而存在。

我們應該藉由不完美的存在，找到完美的存在。我們應該在不完美中找到完美。對我們來說，完美與不完美毫無二致。因為有無常，才有永恆。以佛法來說，對這世間以外的事情懷抱期待屬於旁門左道，我們不追求自身以外的東西。

我們應該在這個世間尋找真理，透過煩惱，透過痛苦。這是佛法的基本教誨。

快樂與困難沒有不同，善與惡沒有不同。惡就是善，善就是惡，它們都是一體兩面。開悟應該就在修行裡。這是對修行的正確理解，也是對生命的正確理解。因此，在痛苦裡找到快樂是接受無常的不二法門。若不明白如何接受這個真理，就沒辦法好好活著。就算你想要擺脫這個真理，也只是白費功夫。若你以為能用別的方法接受無常的真理，那只是妄念。這是教導你如何好好活著的基本觀念，無論你對它有怎樣的看法，都只能接受，這是你必須付出的努力。

改變思維，接納無常

所以在我們堅強到能把煩惱當成快樂之前，我們必須繼續努力。如果你夠誠實或是夠坦誠，要接受這個真理沒有那麼難，只要稍微改變思維就行了。雖然困難，但是這種困難是會變化的，有時很難，有時沒那麼難。如果你正在受苦，那麼無常的道理應能給你些許安慰。當你碰到麻煩時，很容易就能接受無常的觀念，那麼何不在其他時候也接受呢？有時候你會發現自己居然那麼自私而嘲笑自己，但無論你是否接受無常，都必須改變思維、接受這個真理。

存在的本質 Quality of Being

「不管做任何事，都帶著信心全神貫注去做，這樣你的心靈狀態就是『動』。當你專注於存在的本質，就是做好了『動』的準備。」

坐禪的目標是獲得身心的自由。道元禪師認為，對浩瀚的現象世界來說，萬物只是閃現的存在，每一個存在都是自我本質的表現。我經常在清晨看見天上有許多星星，它們只是來自遙遠天體、以極快速度移動的光。但是我眼中的星星不是快速活動的存在，而是平靜安穩的存在。我們說：「靜中有動，動中有靜。」實際上，動與靜是同一件事，所謂的「動」與「靜」只是同一個事實的兩種不同詮釋。我們的行動是和諧的，有和諧的地方就有平靜。這種和諧是存在的本質。但存在的本質也只不過是快速的動。

專注本質，動靜皆宜

打坐時的我們非常平靜安詳，其實我們不知道自己內在正進行著什麼樣的活動。如果我們的生理系統活動處於完全和諧的狀態，心理也會感到平靜。即使感受不到平靜，平靜也確實存在。所以我們不用煩惱自己該「靜」還是該「動」。不管做任何事，都帶著信心全神貫注去做，這樣你的心靈狀態就是「動」。當你專注於存在的本質，就是做好了「動」的準備。「動」是存在的本質。坐禪時的平靜、穩定、安詳，亦是存在本身的劇動。

昨日之我與當下之我無關，一絲一毫也無關

「對浩瀚的現象世界來說，萬物只是閃現的存在。」這意味著我們的行動與存在是自由的。如果你用正確的方式、正確的理解打坐，就能得到存在的自由，儘管你只是短暫的存在。在此時此刻，這個短暫的存在不變、不動，而且與其他

存在毫無關聯。下一瞬間，其他存在陡然出現，我們或許就會變成別的東西。嚴格說來，昨天的我與當下的我無關，一絲一毫的關聯也沒有。道元禪師說：「木炭不會變成灰燼。」灰燼是灰燼，灰燼不屬於木炭。灰燼有自己的過去與未來。灰燼是獨立的存在，因為對浩瀚的現象世界來說，灰燼只是閃現的存在。木炭與火焰也是兩種不同的存在。黑黑的木炭也是浩瀚的現象世界裡閃現的存在。黑黑的木炭不是燒紅的木炭，所以黑黑的木炭與燒紅的木炭無關；灰燼與薪柴無關；每一個存在都是獨立的。

你與我同為一體，卻也無關

今天我在洛斯亞圖斯，明天我會去舊金山。洛斯亞圖斯的「我」與舊金山的「我」無關。這兩個「我」是截然不同的存在。我們擁有存在的自由。你和我之間沒有關聯。當我說「你」時，就沒有「我」；當我說「我」時，就沒有「你」。你是獨立的，我也是獨立的；我們各自存在不同的當下。但這並不代表我們是那麼不同的存在。我們同為一體，是相同的存在。我們既是相同的，也是不同的。非常矛盾，卻是事實。因為我們是獨立的存在，是浩瀚的現象世界裡閃現的存在。我在打坐時，這裡對我來說沒有其他人，這並非意味著我對你視而不見，而是我與現象世界裡的每一個存在同為一體。因此我打坐時，你也在打坐。萬事萬物都和我一起打坐，這就是我們的坐禪。你打坐時，萬事萬物都和你一起打坐，並且構成你的存在本質。我是你的一部分，我進入你的存在本質。在這樣的修行裡，我們獲得徹底的解放。禪修與日常生活之間毫無差異，若你明白這個祕密，就能隨心所欲地詮釋一切。

一切皆已存在，包括結果

手指的感受能造就一幅美好的畫作。當你感受到筆刷吸飽了墨汁的厚重時，即使還未下筆，畫作也早已完成。因為筆刷才剛浸入墨汁，你就已經知道作畫的結果，否則你無法作畫。在你動手做任何事之前，「存在」早已存在，結果早已存在。儘管你看起來只是靜靜打坐，你過去和現在的行動都包含在打坐中。打坐的結果也早已存在。你完全不是靜止的。所有的行動都包含在你之中。這是你的存在。所以，修行的結果都包含在打坐裡了，這就是我們的修行，我們的坐禪。

道元禪師對佛法產生興趣，是因為小時候在母親的遺體旁看見線香的裊裊輕煙，讓他感受到生命的短暫。這種感覺在心中逐漸增強，最後幫助他開悟和發展出深刻的哲學思想。當他看見裊裊輕煙、感受到生命短暫時，他覺得非常孤獨，孤獨感愈來愈強烈，直到他二十八歲得到開悟時才開花結果。他在開悟的那一刻驚呼：「無身無心！」當他說出「無身無心」的時候，他的存在變成浩瀚的現象世界裡閃現的存在，而這個閃現的存在裡包含一切、涵蓋一切，擁有恢弘的本質。它將整個現象世界囊括在內，是絕對獨立的存在。那是他的開悟。從他因為生命短暫而產生的孤獨感開始，他對自身存在的本質有了強烈的感受。他說：「我擺脫了身與心。」因為你認為自己有身體、有心智，所以才會感到孤獨。當你明白一切只是浩瀚宇宙裡的閃現，你會變得非常堅強，你的存在也會變得充滿意義。這是道元禪師的開悟，也是我們的修行。

自然 Naturalness

「眾生均來自虛空，一瞬接著一瞬。這是生命的真實喜悅。」

關於「自然」的觀念存在著一個巨大的誤解。來我們這裡的人，大多相信自由與自然，但他們的理解是所謂的「自然外道」，也就是「在佛教外立道」。自然外道認為不需要有任何形式——有點像是放任或隨便。對多數人來說，這就是自然，但這不是我們所定義的自然。

和諧共存即是自然

雖然很難解釋，但我認為自然是一種完全獨立的感覺，或是從「虛空」出發的行為。來自「虛空」的東西很自然，如同破土而出的種子或植物。種子不知道自己會長成特定的植物，但是它有自己的形態，與土地和環境和諧共存。隨著時間生長，種子漸漸表現本性。存在必有「色」與「相」。無論是哪一種存在都是如此，色相與其他存在和諧共存，沒有任何障礙。這是我們所謂的自然。

植物和石頭要保持自然，完全沒有問題。但是對人類來說就會很有問題，而且問題不小，我們必須很努力才能保持自然。若你的行為來自虛空，你會有一種新的感受。例如肚子餓的時候，自然會吃東西，你會覺得做這件事很自然。但如果你抱持過多的期待，吃東西就變得不自然。你不會有新的感受。你無法享受這件事。

別人灌輸給你的想法，並不自然

真正的坐禪就像口渴時喝水。這就是自然。睏的時候去小睡一下，也是相當自然的事。但若是因為懶惰才去睡覺，把它當成人類的特權，那就不自然了。你心想：「我所有的朋友都在睡覺，我為什麼不能睡？大家都沒在工作，我為什麼要那麼努力？他們都很有錢，我為什麼沒錢？」這樣就不自然了。你的心被其他想法給纏住，而且是別人的想法，所以你並不獨立，你不是自己，也不自然。即使你盤腿打坐，如果不是自然坐禪，就不是真正的修行。口渴時，你無須強迫自己喝水，而是很樂意地去喝水。若坐禪時感受到真正的喜悅，那便是真正的坐禪。不過，就算你必須強迫自己坐禪，只要能從修行裡感受到好處，就是真正的坐禪。其實重點不是強迫與否，即使過程中碰到困難，只要是你想做的事，就是自然。

真空妙有是自然

這種自然很難解釋。但如果你能靜靜打坐，在修行中感受「虛空」的真實，就不需要解釋了。從虛空出發的任何行為都是自然的，是真實的行動。修行的真實喜悅、生命的真實喜悅都在其中。眾生均來自虛空，一瞬接著一瞬。我們在每一個當下感受生命的真實喜悅。所以我們說：「真空妙有」，意思是「美妙的存在源自虛空」。「真」是真實，「空」是虛空，「妙」是美妙，「有」是存在。

沒有虛空，就沒有自然——也就沒有真實的存在。真實的存在來自虛空，一瞬接著一瞬。虛空永遠存在，生出萬事萬物。但是你經常把空無忘得一乾二淨，表現得彷彿自己並非一無所有。你的行為源自某種占有的念頭，或是具體的念頭，這不是自然。比如說，聆聽演講或上課時，心中不應該想到自己；聽別人說話時，你也不應該懷抱成見。清空腦海裡的想法，專心聆聽。心無雜念就自然。這時，你才能理解對方在說什麼。如果你用心中既有的想法和對方說的話比較，聽到的內容就不會完整，理解也會是片面的，這並不自然。做任何事都要全心全意，讓自己完全投入其中。這就是虛空。若你的行動裡沒有真實的虛空，那就不自然。

柔軟的心，也是自然

多數人都會堅持相信某個觀念。最近年輕世代喜歡談論愛情。愛！愛！愛！他們的腦中充滿愛。他們來學禪的時候，如果我說的話違背他們的愛情觀，他們就會嗤之以鼻。年輕人都很固執，固執到可能會令你目瞪口呆！當然不是所有的年輕人都這樣，但有些年輕人的態度非常、非常強硬。這一點也不自然。即使他們嘴上說著愛情、自由或自然，其實他們對這些事一知半解。這樣的他們也無法理解禪道。想要學禪，就要放下成見、專心坐禪，觀察修行中的體會。這才是自然。

無論你做什麼，都必須抱持這種態度。有時我們會說「柔軟心」。「柔」是溫柔的感受，「軟」是不堅硬。柔軟心是溫順、自然的心。擁有柔軟心，就是擁有生命的喜悅；反之，失去柔軟心就等於失去一切，一無所有。雖然你以為自己並非一無所有，但其實不然。但如果你所做的一切都源自虛空，你將擁有一切。你明白嗎？這是我們的自然觀。

虛空 Emptiness

「研究佛法，應該把心來一次大掃除。」

想要了解佛法，必須先把成見全部忘掉。首先，你必須放棄實體觀或存在觀。一般的生命觀牢牢根植於存在觀，對多數人來說，萬物均是實體存在。他們認為眼中所見、耳中所聽都是真實存在。當然我們看見和聽見的鳥兒確實存在，只是我所說的「存在」與你的不一定相同。佛法的生命觀包括「存在」與「非存在」。鳥兒既存在，也不存在。我們說，以存在為基礎的生命觀是外道的觀念。如果你看待事物的態度太過認真，把它們當成實質或永恆的存在，你就是外道。或許大部分的人都是外道。

沒有永恆，沒有預設，只有當下

真實的存在來自虛空，然後又回歸虛空。源自虛空的存在，是真實的存在。我們必須穿過虛空的大門。這種存在觀很難解釋。現在很多人（至少在知性上）漸漸感受到現代世界的虛空，或是感受到文化裡的自相矛盾。以過往的日本為例，他們堅信自己的文化與傳統生活永遠不會改變。但是戰敗之後，他們變得充滿懷疑。有些人認為這種懷疑的態度很糟糕，但實際上要比過往的態度更好。

只要我們對未來仍抱持明確的想法或希望，就無法認真對待此時此刻的當下。你或許會說：「我可以明天或明年再做。」你相信今天存在的事物，明天依然存在。即使你沒有那麼努力，只要遵循特定的道路，你仍會對好的結果有所期待。但是，沒有永恆不變的道路。也沒有預設的道路。我們必須在每個當下找到自己的道路。那些屬於別人的完美或類似完美的道路，並不屬於我們。

將自己了解透徹，才能了解一切

我們都必須創造屬於自己的道路，有了道路，它會為我們指明普世方向（universal way）。這聽起來像個謎：當你把一件事了解得很透徹，就能了解一切；但若是你試圖了解一切，反而什麼都無法了解。最好的作法是先把自己了解透徹，這樣你就能了解一切。當你努力開創屬於自己的道路時，你會幫助他人，也會得到他人的幫助。在你找到自己的道路之前，你幫不了任何人，別人也幫不了你。想要獲得這種真正的獨立，我們必須徹底放下成見，在每一個當下發現全新的、不同的東西。這是我們生活在這世上的方式。

所以我們說，真正的了解來自虛空。想要研究佛法，就應該把心來一次大掃除。就像把房間清空，徹底打掃乾淨。如果有必要，可以把東西重新放回去。或許有些東西是你想要的，你可以一個一個放回去。但如果是非必要的東西，就不需要留著了。

如同天上的飛鳥。有時候，我們會看見牠的蹤跡，其實我們看見的不是飛鳥留下的蹤跡，我們只是覺得自己好像看見了。這樣也很好。如果有需要，你可以把從房間裡清出去的東西放回去。但是你得先拿出來，才有機會放回去。如果沒有清理，房間裡將塞滿無用的舊物。

擺脫習慣與定見，才能見識萬物的真實面目

我們說：「我一步一步關掉潺潺的溪水聲。」走在小溪旁，你會聽見流水的聲音。流水聲響接續不斷，但如果你想要關掉這聲音，你是做得到的。這是自由，這是捨棄。雖然各式各樣的想法會浮上心頭，但只要你願意，一定能關掉思緒。當你能夠關掉潺潺的溪水聲，你就能體會修行的感受。只要心中仍有定見或行為上有擺脫不了的習慣，你就無法體會事物的真實面目。

不要被二元思維困住

追尋自由，就得不到自由。絕對的自由必須先存在，你才能得到絕對的自由。這是我們的修行。我們的方向不是固定的，有時候往東，有時候往西。往西一里，等於往東一里。通常往東走一里，就等於往西方的反向走了一里。但是，若你可以往東走一里，這表示你也可以往西走一里。這就是自由。少了這種自由，你無法專注眼前的事。你或許會以為自己很專注，但是在你獲得這種自由之前，你會有點侷促不安。因為你被往東或往西的想法困住了，行為落入二元思維。只要你受到二元思維的束縛，就不可能得到絕對的自由，也不可能專注。

專注並不費力

專注不是用力盯著某樣東西。坐禪時如果死盯著某樣東西，你差不多五分鐘就會累了。這不是專注。專注意味著自由，因此，你的努力不應該有特定目標。

你的注意力不應該有特定對象。雖然我們說坐禪時應該專心呼吸，但是專心呼吸的方法是遺忘自己，靜靜打坐並感受呼吸。專心呼吸就能遺忘自己，遺忘自己就能專心呼吸。我不知道哪一個先發生。總之，不需要那麼用力地嘗試專心呼吸。順其自然就好。用這種方式持續修行，最後一定會體悟真正的存在來自虛空。

智慧就是正念 Readiness, mindfulness

「心做好準備就是智慧。」

《心經》最重要的觀念當然是「空」。在我們還不理解「空」的概念時，一切似乎都是實質的存在。但是在我們了解五蘊皆空之後，一切才會變得真實——是真實，不是實質。當我們明白眼中所見只是虛空的一部分，就可以放下對任何存在的執念。我們知道萬物的色相只不過是短暫的，於是，我們明白每一個短暫存在的真實涵義。初次聽到萬物是短暫的存在時，多數人都很失望。但這種失望來自我們對人類與自然的誤解。我們觀察事物的方式根源於自我本位的想法，所以當我們知道萬物只是短暫的存在時才會如此失望。明白了這個真理，就不會感到痛苦。

領悟真理與修行無關

《心經》說：「觀自在菩薩，行深般若波羅密多時，照見五蘊皆空，度一切苦厄。」觀自在菩薩不是在領悟了這個真理之後才克服痛苦——「領悟」本身就是一種救贖。領悟真理就是救贖。我們追求「領悟」，但其實領悟一直唾手可得。不是坐禪之後才領悟真理，在我們坐禪之前，領悟就已存在。不用等到明白真理才能開悟。領悟真理就是活著——活在此時此刻。領悟真理與理解無關，與修行無關。這是一個終極事實。

佛陀在《心經》裡為我們指出必須時刻面對的終極事實，這個事實非常重要。這也是達摩的坐禪。甚至在我們開始修行之前，開悟就已存在。我們常把坐禪與開悟視為不同的兩件事：坐禪就像一副眼鏡，戴上之後就能看見開悟。但這是一種誤解。因為眼鏡本身就是開悟，戴上眼鏡也是開悟。戴或不戴，甚至就算什麼都不做，開悟永遠都存在。這是達摩對開悟的理解。

刻意的修行不是真正的坐禪，不刻意的修行裡才有開悟，才是真正的修行。

若是刻意為之，就會產生「你」和「我」的具體概念，也會對修行或坐禪產生定見。於是會變成你在一邊，而坐禪在另外一邊。坐禪和你變成兩件事。如果修行加上你等於坐禪，這就是青蛙的坐禪。我們以為青蛙坐著就是坐禪，跳躍不是坐禪，這完全是誤解。但若你真的明白虛空意味著萬物永遠存在，這種誤解就會消失。整體不是部分的累積總和，我們不可能把完整的存在切分成部分。它永遠存在，也永不停歇。這就是開悟。所以，修行沒有特定的形式。《心經》說：「無眼耳鼻舌身意……」這裡的「無意」指的就是包含一切的禪心。

冷靜思考即是正念

學禪時，以流暢自由的思維進行觀察很重要。我們的思考與觀察必須順暢無礙。我們應該輕鬆接受事物的本來面目。我們的心應該柔軟、開放，才能理解事物的本質。柔軟的心叫做冷靜思考。這樣的思考是很穩定的，這便叫做正念。紛雜發散的思考不是真正的思考。我們的思維應該保持專注，這就是正念。無論你的思考有沒有特定目標，你的心都應該保持安穩，不應紛雜散亂。這就是坐禪。

我們沒有必要朝特定的方向思考，思維不應該是單一的。用完整的心來思考，就能輕鬆看見事物的本來面目。單純地觀察，全心全意，這就是坐禪。隨時做好思考的準備，思考就是一件不費力的事。這叫做正念，而正念就是智慧。智慧不是特定的才能或哲學。心做好準備就是智慧。所以，智慧可以是各式各樣的哲學與教誨，各式各樣的研究。但我們不應該對特定的智慧存有執念，例如佛陀傳授的智慧。智慧不是用來學習的。智慧會在正念中自然誕生。因此重點是做好觀察的準備，做好思考的準備。這叫做心如虛空。虛空就是坐禪。

相信虛空 Believing in nothing

「日常生活中，我們有百分之九十九的思緒都是自我中心的。『為什麼我要受苦？為什麼我有煩惱？』」

我發現，相信虛空是絕對有必要的。也就是說，我們必須相信無色無相的東西——在色與相出現之前就已存在的東西。這非常重要。無論你相信什麼神或宗教，一旦產生執念，信仰就會或多或少含有以自我為中心的思想。你會為了拯救自己而追求完美的信仰。但是，達到完美的信仰得花時間，還會讓你陷入理想化的修行。不斷追求理想的你會忙到沒有時間，無法從容自在。但是，如果你隨時都能接受眼前的事物源自虛空，知道色與相的現象存在之所以出現並非毫無緣由，你就能從容自在的面對這些現象出現的時刻。

能夠承受疼痛，代表你很健康

頭痛不會無故出現，如果你知道自己為什麼頭痛，就不會那麼難受。如果不知道原因，你可能會說：「啊，我頭痛得要命！說不定是我修行得不好。要是我冥想或坐禪得好一點，就不會碰到這種煩惱了！」如果用這種態度來理解病症，你會對自己或是對修行失去信心，除非你能達到完美境界。你會努力修行，努力到恐怕沒空學會完美修行，結果讓自己頭痛不已！這是相當愚蠢的修行方式，這樣修行是沒有用的。如果你相信頭痛之前已有跡可循，也知道頭痛的原因，你自然會好受一些。其實頭痛也沒有關係，因為這代表你很健康，能夠承受頭痛。胃痛代表胃很健康，能夠承受胃痛。但若是你的胃對惡劣的狀態習以為常，你是感受不到胃痛的。這非常糟糕！胃病將會奪走你的性命。

小心被宗教束縛

所以大家都必須相信虛空，這非常重要。但我說的虛空不是空無一物，還是有東西的，這個東西隨時可能具體成形，而且它的行動是帶有規則、理論或真理的。它叫做佛性，也就是佛本身。這種存在具體化之後，我們稱之為佛；當我們視其為終極真理時，我們稱之為法；當我們接受這個真理，並將自己視為佛的一部分或是據理行事，我們稱自己為僧伽。不過，這三種佛相其實是同一種無色無相的存在，隨時可以換上具體的色相。這不只是理論，也不只是佛法的教誨。這是絕對有必要的、對生命的領悟。少了這層領悟，宗教對我們來說毫無用處。我們會被宗教束縛，產生更多煩惱。如果你成為佛教的受害者，我說不定會非常開心，但你可就難說了。所以，這層領悟非常、非常重要。

你就是真理的短暫體現

坐禪時，你或許會聽到夜裡從屋頂滴下的雨聲。再過一會兒，美麗的霧氣在樹木之間冉冉升起，然後人類開始活動，眺望美麗的遠山。但有些人早晨躺在床上聽見雨聲會覺得煩，因為他們不知道待會兒能看見美麗的朝陽從東方升起。如果我們全副心思都放在自己身上，就會有這種煩憂。但如果我們接受自己是真理或佛性的體現，就沒什麼好煩憂的。我們會心想：「雖然現在下雨，但我們不知道下一刻會發生什麼事。等我們出門時，說不定已經放晴，也可能是狂風暴雨。既然不知道，現在不如靜靜欣賞雨聲。」這才是正確的態度。如果你知道自己是真理的短暫體現，就不會有任何煩憂。你會欣賞身邊的一切，你會知道儘管困難重重，你是佛陀偉大行動的一部分。這是我們的生活方式。

相信虛空，擺脫自我中心

以佛教語彙來說，我們應該先開悟再修行，然後進行思考。思考通常是相當自我中心的。日常生活中，我們有百分之九十九的思緒都是自我中心的。「為什麼我要受苦？為什麼我有煩惱？」這些想法占據我們百分之九十九的思緒。舉例來說，學習科學或研讀困難的經文時，我們很快就會昏昏欲睡。但碰到自我中心的想法時，我們總是非常清醒、非常感興趣！若開悟能發生在思考與修行之前，你的想法與修行就不會是自我中心的。我所說的開悟是相信虛空，相信沒有色相的東西確實存在，而且隨時可以換上具體的色相。這樣的開悟是不變的真理。我們的行為、思想、修行都應該以這個最初的真理為基礎。

執念與無執 Attachment, Non-attachment

「執著於美麗，這也是佛的行為。」

道元禪師說：「是午夜，亦是黎明；是黎明，亦是夜晚。」這樣的思想由佛陀傳給祖師，由祖師傳給道元，然後又傳給我們。夜晚與白晝並無差別，是同一件事，只是有時被稱為夜晚，有時被稱為白晝。兩者同為一體。

坐禪即日常，日常即坐禪

禪修與日常生活也是同為一體。我們說坐禪就是日常，日常就是坐禪。但我們常常認為：「坐禪結束了，現在該去做日常該做的事了。」這不是正確的理解。兩件事是同一件事。我們無處可逃。動中應有靜，靜中應有動。動靜毫無二致。

每個存在都依賴其他事物。嚴格說來，沒有單獨個別的存在。萬物實為一體，只是有許多名字。有些人特別注重一體性，但這不是我們的理解。我們不注重任何一件事，包括一體性。一體性很珍貴，但是多樣性也很美好。有些人無視多樣性，注重絕對的單一存在，但這是一種偏頗的理解。這種理解把多樣性與一體性切開。但其實一體性與多樣性是同一件事，因此，要知道每一個存在裡都有一體性。正因如此，我們重視的是日常，而不是特殊的心靈狀態。我們應該在每一個當下、每一個現象裡找到真實。這是非常重要的。

愛中有恨，恨中有愛。愛便愛，不愛便不愛。

道元禪師說：「雖然萬物皆有佛性，但我們只愛花，不愛雜草。」人性確實如此。但我們執著於美麗，這是佛的行為。我們不愛雜草，也是佛的行為。我們應當明白這一點。若你明白這一點，執著於某些事物就無所謂。只要那是佛的執著，那就是無執。所以愛中應有恨，就是無執；恨中應有愛，就是接受。愛恨實為一體，我們不該執著於愛，也應該接受恨。無論我們對雜草有怎樣的想法，都應該接受雜草。如果你不愛雜草，那就不愛吧。如果你愛雜草，那就愛吧。

通常你會因為自己待人接物不公平而批判自己；你會批判自己沒有拿出接受的態度。但是，一般定義的接受與我們所說的接受之間看似相同，其實有細微的差異。我們的教誨是日與夜之間沒有界線，你與我之間也沒有界線。這就是一體性。但是我們並不強調一體性。若萬物本為一體，何須強調。

既愚笨，又明智

道元禪師說：「學習就是認識自己；研究佛法就是研究自己。」學習不是為了獲得原本不知道的資訊。你還沒學習，就已經知道。學習之前的「我」與學習之後的「我」之間沒有界線。無知與智慧之間也沒有界線。笨蛋就是有智慧的人，有智慧的人就是笨蛋。但是，我們通常都認為：「他很笨，我很聰明」或是「我以前很笨，現在很聰明」。我們怎麼可能既笨又聰明呢？佛陀傳承的思想告訴我們，愚者與智者之間沒有差別。確實如此。但如果我這麼說，別人會以為我在強調一體性。不是的，我們什麼也不強調。我們想做的是認識事物的本來面目。如果我們知道事物的本來面目，那就沒有什麼需要強調的；我們不可能領會任何事，也沒什麼好領會的。我們不可能強調任何一點。儘管如此，如同道元禪師所說：「儘管我們愛花，花仍會凋謝；儘管我們不愛雜草，雜草仍會生長。」儘管如此，這就是我們的生命。

我們應當用這種方式來理解生命，就不會有問題。因為注重特定的事，所以才會有煩惱。我們應該接受事物的本來面目。這是我們理解世事、生活在這世上的方式。這樣的經驗超越思考。在思考範疇裡，一體性與多樣性是不同的兩回事。但是在實際經驗裡，一體性與多樣性是同一回事。因為你創造出一體性與多樣性的想法，所以被這想法困住。這也導致你必須不斷思考下去，儘管根本沒有思考的必要。

煩惱是被創造出來的

情感上，我們會有許多煩惱。但這些煩惱不是真實的，它們是被創造出來的；它們是我們自我中心的想法或觀念指出來的。因為被指出來，所以才成了煩惱。其實我們不可能指出任何事。快樂就是悲傷，悲傷就是快樂。煩惱中有快樂，快樂中有煩惱。雖然每個人的感受都不一樣，其實這些感受並無不同，它們在本質上毫無差異。這是佛陀傳給我們的真實領悟。

平靜 Calmness

「對學禪的人來說，雜草非常珍貴。」

有一首禪詩寫道：「風定花猶落，鳥鳴山更幽。」無事發生時，處於幽靜中的我們感受不到幽靜。唯有等到有事發生時，我們才會察覺到原本的幽靜。日本有句諺語：「月遇叢雲，花遇風。」當月亮被雲或樹或雜草遮蔽時，我們才發現月亮有多圓。毫無遮蔽的月亮，反而看起來沒有那麼圓。

坐禪時的能量，會發揮在日常中

坐禪的時候，你的心完全平靜；你什麼也感受不到。你只是靜靜打坐。但是，打坐時的平靜會在日常生活中成為一股動力。除了打坐的時候，你也會在日常生活中感受到禪修的價值。但這並不代表坐禪不重要。即使打坐時沒什麼感覺，但少了坐禪的經驗，你便什麼也體悟不到。你在日常生活裡，只能看見雜草、樹、雲，看不見月亮。所以你才會連連抱怨。對學禪的人來說，多數人眼中毫無價值的雜草非常珍貴。抱持著這樣的態度，無論你做什麼，生命都會是一種藝術。

坐禪時不應該懷有得失心。心應該完全平靜，沒有任何依賴。身姿挺直，不靠在任何東西上。身姿挺直意味著不依賴。用這樣的姿態，身與心進入完全的平靜。坐禪時若靠著東西或刻意做些什麼，都屬於二元思維，不是完全的平靜。

努力即是開悟，得失心卻會讓你偏離正道

我們總想在日常生活中做些什麼，改變些什麼，或是得到什麼。光是這種企圖本身就是真實本性的表現。但意義存在於努力本身。我們應當在得到結果之前，先理解努力的意義。所以道元禪師說：「我們應該在開悟之前得到開悟。」我們不是在開悟之後才明白開悟的真實意義。努力本身就是開悟。碰到困難或感

到憂傷，都是開悟的時機。身處汙穢，應保持從容自在。生命的無常經常使我們難以招架，但唯有在生命的無常裡，我們才能找到永恆生命的喜悅。

帶著這樣的領悟持續修行，就可以日益精進。若抱持著得失心，修行會偏離正道。你會在努力追求目標的途中迷失方向，最終一事無成；你將持續在困難中苦苦掙扎。有了正確的領悟，修行才會進步。那麼無論你做什麼，即使不是盡善盡美，也是從內在本性出發，最後聚沙成塔、滴水穿石。

哪一個比較重要呢？開悟，還是開悟前的開悟？是賺一百萬，還是在努力的過程中享受生命的點點滴滴，即使不可能賺到那一百萬？功成名就，還是在追求成功的過程中找到奮鬥的意義？如果不知道這些問題的答案，那你連坐禪也做不到。如果你知道答案，就已找到真正的生命寶藏。

佛法是體會，不是哲學 Experience, not philosophy

「在不了解佛法的前提下討論佛法做為一種哲學或教誨是否完美，其實是一種褻瀆。」

雖然這個國家對佛法感興趣的人很多，卻幾乎沒有人對純粹的佛法有興趣。多數人感興趣的是研究佛教的教義或哲學。比起其他宗教，他們認為佛教在知性上更令人滿意。至於佛法在哲學上是否深刻或完美，他們並不關心。我們的目標是以清淨的方式修行。有時候我認為，在不了解佛法的前提下討論佛法做為一種哲學或教誨是否完美，其實是一種褻瀆。

根源清晰，努力才能清淨

群體坐禪是佛教最重要的修行——對我們來說也是如此——因為這是最初始

的生活方式。若不了解根源，就無法體會我們努力一輩子的結果。我們的努力必須是有意義的。想知道努力的意義，就必須找出努力的根源。在了解根源之前，我們不應該在意努力的結果。若根源不清晰、不清淨，我們的努力也不會是清淨的，努力的結果也不會令我們心滿意足。

當我們回歸初始本性，並且在這個基礎上不斷努力，就能體會自己日復一日、年復一年累積每個當下的努力結果。我們應該用這樣的方式體會人生。執著於努力結果的人不可能體會人生，因為結果永遠不會出現。但如果你在每個當下的努力都是源自清淨，你無論做什麼都是好的，也都會令你心滿意足。

坐禪是找回清淨生活的修行，超脫得失心與名利富貴。藉由修行，我們保持初始本性。不需要用理智去了解清淨的初始本性，因為它超越了智識的理解範圍。也不需要去體會初始本性，因為它超越了我們能夠體會的範圍。靜靜打坐就好，不要有得失心，抱持最清淨的意圖，像初始本性一樣靜默——這就是我們的修行。

不需要理解，靜靜坐禪足矣

禪堂裡沒有華麗的裝飾。我們來到禪堂只是為了靜靜打坐、與彼此交流之後再各自回家，日常的行立坐臥也是清淨修行的延續，享受真實的生命。一切再尋常不過。不管我到哪裡，都經常有人問我：「佛法是什麼？」他們手裡拿著筆記本，準備寫下我的答案。想像一下我的感受！在這個地方，我們只是靜靜坐禪。我們只做這件事而已，而且甘之如飴。我們不需要理解禪是什麼。靜靜坐禪足矣。對我們來說，從知性上理解禪學是沒必要的事。我想，美國社會並不習慣這種作法。

美國有各式各樣的生活方式與宗教，討論和比較宗教之間的差異似乎是家常便飯。但是對我們來說，比較佛教和基督教根本沒必要。佛教是佛教，佛法就是我們的修行。我們甚至不知道自己在做什麼，只是帶著清淨的心修行。所以，我們沒辦法拿自己的修行去跟其他宗教做比較。有人說禪宗不是宗教，這麼說或許也沒錯，又或者禪宗是宗教出現之前就已存在的宗教，所以禪宗可能不是一般定義的宗教。但禪宗如此美好，儘管我們不研究佛法，沒有大教堂也沒有華麗的裝飾，依然可以體會初始本性。就這點來說，禪宗非比尋常。

原始佛教 Original Buddhism

「其實我們不是曹洞宗。我們只是佛教徒。我們甚至不是禪宗佛教徒。能明白這一點，我們就是真正的佛教徒。」

行、立、坐、臥是佛學的四種基本活動或行為。坐禪不算在內，根據道元禪師的闡釋，曹洞宗也不屬於佛教宗派。中國的曹洞宗或許是佛教眾多宗派裡的一支，但道元禪師認為，他自己的修行方式不包括在內。若是如此，你或許會問我們為什麼要強調坐禪的姿勢，又為什麼要強調跟隨老師。這是因為坐禪不屬於這四種佛學基本行為。坐禪是一種修行，含有無數活動；甚至在佛陀出現之前，坐禪就已存在，而且將永遠存在。所以坐禪的姿勢不能與這四種基本行為放在一起比較。

不要執著於宗派與教義

大家很常把重點放在姿勢或特定的佛法理解上。他們覺得：「這就是佛法！」但我們不能拿自己的修行方式去跟一般人理解的修行做比較。我們的教義無法與佛法的教義做比較。正因如此，我們應該找一位對特定佛法詮釋沒有執念的老師。佛陀最初的教義涵蓋各種學派。身為佛教徒，我們理應追隨佛陀的腳步：不執著於任何宗派或教義。如果我們沒有老師，如果我們對自身的領悟感到志得意滿，就會失去佛陀教義的初始精神，也就是接納各種教義、兼容並蓄。

佛陀是這套教義的創立者，因此世人將他的教義稱為「佛法」。但其實佛法不是特定的教義。佛法是真理，而真理之中包含各式各樣的真理。坐禪是包含各種生命活動的修行。因此，打坐的姿勢不是我們唯一注重的事。坐禪是一種行為，我們藉由打坐研究行為，這是最基本的活動。這也是我們用這種方式坐禪的原因。雖然我們坐禪，但我們不應該以禪學宗派自居。我們只是效法佛陀坐禪，這是我們修行的原因。佛陀教我們以修行做為行為的依歸；因為如此，我們才坐禪。

每一種姿勢，都是佛陀的姿勢

佛陀每個當下的行為與生活，都是短暫的。用這種方式打坐就是佛陀，與佛陀一樣雋永。同樣的道理適用於我們的一切行為。無論我們做什麼，都是佛的行為。所以不管你做什麼，或甚至不做什麼，都有佛陀在其中。因為對佛陀欠缺這樣的理解，所以大家都以為自己做的事是最重要的事，卻不知道做這件事的人是誰。我們做著各式各樣的事，其實都是佛陀做的。我們都有自己的名字，其實這些名字都是佛陀的名字。我們各自做出許多行為，其實都是佛陀的行為。有些人因為不明白這一點，才會特別重視某些行為。如果他們特別重視坐禪，那就不是真正的坐禪。表面上看起來，他們打坐的姿勢與佛陀一模一樣，但其實他們對修行的理解存在著巨大差異。他們認為這種坐姿是四種基本行為裡的一種，於是心想：「我現在要坐這種姿勢。」其實坐禪不限姿勢，而且每一種姿勢都是佛陀的姿勢。這才是對坐禪姿勢的正確理解。這才是符合佛法的修行。這一點非常、非常重要。

我們只是佛教徒，沒有宗派之分

所以道元禪師沒有自稱曹洞宗禪師或曹洞宗弟子。他說：「別人或許會說我們是曹洞宗，但我們沒理由自稱曹洞宗。你們甚至不該用『曹洞宗』這個名稱。」沒有任何宗派應該認為自己是一個獨立的宗派。宗派應該只是佛學的一個短暫形式。但只要各宗派不接受這樣的觀念，只要他們繼續使用特定的名稱，我們就必須接受曹洞宗這個暫時的名字。不過，我想把這件事解釋清楚。其實我們不是曹洞宗。我們只是佛教徒。我們甚至不是禪宗佛教徒，只是單純的佛教徒。能明白這一點，你就是真正的佛教徒。

佛陀的教誨無處不在。今天下雨，也是佛陀的教誨。人以為自己的修行或宗教觀念與佛陀一致，卻對自己所聞、所做、所在一無所知。宗教不是特定的教誨。宗教無處不在。我們必須用這種方式理解教誨。我們應該忘掉特定的教誨；我們不應該去問孰好孰壞。不應該有特定的教誨。教誨存在於每一個時刻、每一個存在裡。這才是真正的教誨。

超越妄念 Beyond consciousness

「在妄念中實踐清淨的心就是修行。如果你試圖驅趕妄念，妄念只會更加頑固地留下。只要說『喔，這只是妄念而已』，然後別去理它。」

我們應該在沒有修行或開悟的地方，為修行奠定基礎。只要我們在有修行與開悟的地方坐禪，就沒有機會為自己找到完全的平靜。換句話說，我們必須堅定相信自己的真實本質。我們的真實本質超越意識經驗。只有在意識經驗裡，我們才能找到修行與開悟，或者是好與壞。但無論我們是否感受過真實本質，超越意識的存在一直都在，那就是我們必須為修行奠定基礎的地方。

任雜念來去，澄明之心永存

即使心中有善念，也不一定是好事。佛陀有時會說：「你應當如是。你不應當如是。」但是，把他說的話放在心中不一定是好事，它會變成一種負擔，你可能不會覺得高興。事實上，心存惡念說不定好過善念或行為準則。偶爾有些不好的念頭反而非常愉快。這是真的。是善是惡並不重要。你有沒有找到平靜、能否保持平靜，才是重點。

心中有事，就不能完全從容自在。想要從容自在，最好的方法是忘掉一切。如此一來，心不但能平靜，還會變得寬闊澄明，不用費力就能看見與感受事物的本來面目。找到從容自在最好的方法，就是不要保留任何俗念——全部忘掉，不留一絲痕跡或影子。但是，如果你試圖停止思考或超越意識活動，只會帶來額外的負擔。「修行時必須靜心，可是我做不到。我修行得很差。」有這種想法也是錯誤的修行。你不需要刻意靜心，就讓一切順其自然，這樣雜念就不會留在心裡太久。讓念頭來來去去就好。如此就能長久維持一顆澄明虛空的心。

對虛空保持信念

修行時最重要的，是對心的虛空本質抱持堅定信念。佛經常用大量的比喻來描述虛空的心。有時候我們會用天文數字來形容它浩瀚到難以估量，所以不如放棄估量。如果心如此浩瀚，估量它會令你失去興趣而終將放棄。這樣的描述或許也會使你對巨大的數字產生興趣，進而幫助你停止狹隘的思維。

但是在你坐禪的時候，你會體驗到心處於最清淨真實的虛空狀態。其實心的虛空狀態甚至不是一種心靈狀態，而是佛陀與六祖都經歷過的、心的初始本質。「心的本質」、「本心」、「本來面目」、「佛性」、「虛空」——這些詞彙描述的，都是心的絕對平靜。

讓忙碌的心停下來，回歸清淨

你知道如何讓身體休息。但你不知道如何讓心休息。雖然人躺在床上，但是心很忙。就算睡著了，心也忙著作夢。你的心一直忙個不停，這不是好事。我們應該知道如何讓思考的心、忙碌的心停下來。想要贏過思考、讓它停下來，必須對心的虛空抱持堅定信念。我們堅定相信完全平靜的心，並應該回復到清淨的初始狀態。

有妄念就有修行

道元禪師說：「你應該在妄念裡確立修行。」雖然你認為自己處在妄念中，但清淨的心仍在。在妄念中實踐清淨的心就是修行。如果在妄念中維持清淨的心、初始的心，妄念就會消失。當你說出「這是妄念！」時，妄念就會離開。它會非常羞愧地跑掉。所以你應該在妄念裡確立修行，有妄念就是修行，也就是在開悟之前得到開悟。即使沒有開悟，也已經開悟。所以當你說「這是妄念」時，其實就是開悟。如果你試圖驅趕妄念，妄念只會更加頑固地留下，你的心會為了對付妄念而變得愈來愈忙。這不是好事。你只需要說「喔，這只是妄念而已」，然後別再理它。當你只是旁觀妄念，就能保留真實的心，平靜安詳的心。一旦你主動處理妄念，你就會陷入妄念。

因此無論你是否得到開悟，靜靜坐禪就已足夠。當你刻意追求開悟時，你的心會承受巨大的負擔。心若不夠澄明，便看不見事物的本來面目。若你能看見事物的本來面目，就能看見它們應有的樣子。一方面，我們應該開悟——這是事物應有的樣子。但另一方面，只要我們是實體的存在，就很難得到開悟。不過，只要我們開始打坐，本性的兩面就會顯現出來，我們會看見事物的本來面目與應有的樣子。我們現在還不夠好，所以我們想要變得更好。但是當我們的心變得超然，反而會超越事物的本來面貌與應有的樣子。在初始心境的虛空裡，它們同為一體，那也是我們完全從容自在的地方。

宣傳玄妙的思想並非弘揚佛法的正道

宗教通常都是在意識的範疇裡發展，完善組織、蓋美麗的建物、創作音樂、形成哲學系統等等。這些都是意識世界裡的宗教活動。但佛法注重的是無意識的世界。發展佛法最好的方式是坐禪——靜靜坐禪的同時，對我們的真實本性抱持堅定信念。這要比看書或研究佛教哲學好太多了。當然也要研究哲學——這會鞏固信念。

佛教哲學具有普世性與邏輯性，所以這不僅是佛教哲學，更是生命的哲學。佛學教誨的目的，是闡明清淨初心裡超越意識的生命。佛教的修行都是為了保護這個真諦而存在，不是為了用玄妙的方式宣揚佛教。因此當我們討論宗教時，應該從最尋常、最具普世性的角度。我們不應該藉由玄妙的哲學思想來宣揚我們的修行。從某些方面來說，佛法是需要辯論的，因為有些地方給人矛盾的感覺，而佛教徒必須防止佛學陷入神祕玄妙的宗教詮釋裡。但哲學性的討論不是了解佛法最好的方法。如果你想成為虔誠的佛教徒，最好的方法是打坐。我們很幸運擁有一個可以好好打坐的場地。我希望你對靜靜坐禪這件事，能懷抱著堅定、寬廣、安穩的信念。靜靜打坐，這樣就已足夠。

佛陀的開悟 Buddha's Enlightenment

「如果為自己的成就感到得意洋洋，或是因為目標太過理想化而感到沮喪，你的修行會用一道厚牆圍住你。」

我很高興能在佛陀在菩提樹下開悟的這一天來到這裡。佛陀在菩提樹下開悟的時候說：「奇哉！奇哉！一切眾生皆有如來智慧德相！」他的意思是，坐禪時的我們都有佛性，而我們每一個人都是佛。他所謂的修行不是在菩提樹下打坐，也不是用盤腿的姿勢打坐。這個姿勢確實很基本，也是原本的打坐姿勢，但實際上佛陀想說的是，山、樹、水、花、植物——萬物的本來面目——無一不是佛。萬物都以自己的方式參與佛的作為。

結語：禪心

佛性就是我們的初始本性

但是萬物存在的方式，不應該在它們各自的意識範圍內單獨理解。我們看見和聽見的只是我們真實本質的一部分，或是一個有限的觀念。但當我們只是以自己的方式存在著，我們就在表現佛本身。換句話說，只要做類似坐禪的修行，自然有佛道或佛性在其中。一旦開口問佛性是什麼，佛性就會消失；靜靜坐禪，就能對佛性有完整的領悟。理解佛性的不二法門，就是坐禪，用本來面目存在於當下。佛陀所說的佛性，就是以本來面目存在，超越意識的範疇。

佛性是我們的初始本性；在我們坐禪之前，以及在我們的意識注意到佛性之前，我們就已經擁有佛性。所以在這層意義上，我們無論做什麼都是佛的作為。刻意去了解佛性，就無法領悟佛性，然而放棄這麼做，真正的領悟就一直在眼前。我常在坐禪後跟你們說說話，其實大家來這裡不只是為了聽我講話，而是為了坐禪。我們不應該忘記這一點。我講話是為了鼓勵你們用佛陀的方式坐禪。所以我們才說，雖然你有佛性，但要是你還在猶豫要不要坐禪，或是無法承認你就是佛，那麼你對佛性與坐禪都無法有所領悟。可是當你用跟佛陀一樣的方式坐禪，你將領悟我們的修行之道。我們說得不多，而是藉由行為來刻意與非刻意溝通。我們應該時時留意，用語言或非語言進行溝通。若沒做到這一點，我們會錯失佛法最重要的精髓。

該坐禪就坐禪，該回家就回家

無論身在何處，我們都應該用這種方式生活。這叫做「成佛」或「自己做主」。無論身在何處，你都應該主宰自己的環境。這意味著你不應該失去方向。所以這叫做佛性，因為時時用這種方式存在的你就是佛。不刻意追求成佛，你就是佛。這是開悟的方法，開悟就是始終與佛同在。不斷重複，就能得到這樣的領悟。若沒有掌握這個重點，為自己的成就感到得意洋洋，或是因為目標太過理想化而感到沮喪，你的修行會用一道厚牆圍住你，而我們不應該自己築一道牆來限制自己。所以，坐禪的時間到了，那就起身去坐禪，跟老師聊一聊、聽他說話，結束後回家——這些都是修行的過程。像這樣沒有得失心，你便一直都是佛。這是真正的坐禪。如此一來，你或許能明白佛陀開悟後說的那句話的真義：「一切眾生皆有如來智慧德相。」

禪心 Zen Mind

「雨停之前，我們聽見鳥叫聲。即使在厚厚的積雪下，也能看到雪滴花與植物生長。」

我們不能用定義日本禪宗佛教徒的方式，來定義美國的禪宗佛教徒。美國的禪修者既不是出家人，也不是全然的在家人。我的理解是：不是出家人，該怎麼做很容易判斷；但不是全然的在家人就比較難判斷了。我認為你們是一群特別的人，你們想要的修行也很特別，不是出家人的修行，也不是在家人的修行。你們正在探索適合自己的生活方式。我想，這就是我們成立這個禪修團的原因。

開悟與否，都是禪道

但我們必須了解這種專一的初始之道，也必須了解道元禪師的修行方式。道元禪師說，有些人會開悟，有些人不會。我覺得這句話非常有意思。雖然我們都用相同的方法進行基本的修行，但是有些人會開悟，有些人卻不會。這意味著即使我們都沒有開悟的經驗，只要帶著正確的態度與領悟修行、用適當的方式打坐，這就是禪道。關鍵是要認真修行，理解和相信恢弘的心更是重要的態度。

我們說「恢弘的心」、「狹隘的心」、「佛心」、「禪心」，這些詞彙都是有意義的，但我們不能也不該試圖用經驗來理解它們的意義。雖然我們談到開悟的經驗，但這種經驗不是那種以好壞、時空、過去與未來界定的經驗。開悟是超越這些區別與感覺的經驗或意識。所以我們不應該問：「開悟是一種怎樣的經驗？」這樣的問題意味著你並未領悟禪道。你無法用世俗的思維來探知開悟。跳脫這種思維，你才有機會領悟禪道。

恢弘的心

我們必須相信恢弘的心，而恢弘的心不可能是一種客觀的經驗。它一直與你同在，唾手可得。就像你的雙眼一直和你在一起，但你看不見自己的眼睛，眼睛自己也看不見自己。眼睛只會看見外面的東西，客觀的事物。當你反過來省思自己，這個自己就不再是你的真實自我。你不可能把自己投射成客觀的對象來省思。一直與你同在的心不只是你的心，它也是宇宙大心，永遠不變，與別人的心毫無二致。它是禪心、是恢弘的心，也是你眼中所見的一切。無論你看見什麼，你的真心一直都在。雖然你不了解自己的心，但它始終在你左右——在你看見東西的那一刻，它就在那兒。這非常有意思。你觀察的東西裡，一直有你的心。所以，你的心就是萬物。

觀察本心

真心是觀察的心。你不能說：「這個是我的自我，這個是我狹隘的心或有限的心，這個是恢弘的心。」這樣是在自我設限，束縛你的真心，把你的心物化了。達摩說：「想見魚，必須觀水。」其實你只要看水，就能看見真正的魚。看見佛性之前，要先觀察自己的心。當你看見水，真實本性就在那裡，真實本性就是看水。當你說：「我坐禪坐得很差」時，其實你的真實本性就在這裡，只是你太傻了，沒有發現而已。你故意對它視而不見。

觀察自己的心的時候，「我」非常重要。這個「我」不是那個「大我」，而是那個不停活動、不停游水、不停振翅飛越寬廣天空的「我」。這裡的翅膀指的是思想跟活動，寬廣的天空是家，我的家。沒有鳥，也沒有空氣。當魚兒游泳時，魚和水都是魚，只有魚而已，你明白嗎？你不可能把生物活生生解剖，在裡面翻找佛性。靠心的思考或感受不可能理解現實。在每一個當下觀察自己的呼吸、自己的姿勢，這就是真實本性。如此而已，沒有其他祕訣。

我們佛教徒沒有唯物、唯心、心的產物等觀念，也不認為心是因、存在是果。我們經常討論心與身、心與物質從來同為一體。但如果你聽得不夠仔細，可能會誤會我們討論的是存在的原因，或是在討論「物質」與「心靈」。那或許是其中一個版本。實際上我們要說的是，我們的心永遠跟我們在同一邊，它是真實的心。開悟的經驗是找出、理解、了悟與我們不離不棄、但我們看不見的這顆心。你明白嗎？若你追求開悟，如同追求天上閃亮的星星，星星很美，你心想：「啊，這就是開悟。」其實那不是開悟。這樣的觀念就是外道。即使你沒有意識到，但是那樣的觀念裡，你看到的只是物質。像這樣的開悟經驗很多——有些純屬物質，有些是心的產物，彷彿只要好好修行就一定能找到那顆閃耀的星星。這是己與物的觀念。這不是追求開悟的方法。

行動上的自由，反而帶來心靈上的痛苦

禪宗以真實本性為基礎，以修行時表達與體現的真心為基礎。禪學不仰賴特定的教誨，也不以教誨取代修行。我們藉由禪修表達真實本性，不是為了開悟。達摩的佛法是即修行，即開悟。起初或許只是一種信念，但漸漸地學生會感受到它，或已經擁有它。身體的修行與規範沒那麼容易了解，尤其是對美國人來說。你們的自由觀念注重身體的自由，行動的自由。這種觀念帶來一些心靈上的痛苦，也使你們失去部分自由。你覺得你應該限制思考，你認為有些思考是沒有必

要的、痛苦的、束縛的。但是你沒想過應該限制身體的行動。正因如此，百丈禪師當初才會在中國制定了禪門清規與生活制度。他想做的是表現與傳承真實本心的自由。我們的禪修生活以百丈清規為依歸，將禪心傳承下去。

我認為我們做為一個美國的禪修團體，自然也需要生活制度。如同百丈禪師在中國建立了禪門清規，我想，我們也需要建立美式的禪門清規。這可不是在開玩笑，我非常認真，但我也不想那麼嚴肅。太嚴肅會迷失方向。太嬉鬧也會迷失方向。

帶著耐心與恆心，我們會漸漸找到屬於自己的方向，知道如何與自己和彼此相處。透過這種方式，我們會找到適合自己的戒律。如果我們好好修行、專心坐禪，以坐禪為重心來安排生活，一定會慢慢了解自己在做什麼。但是為自己建立規範時要小心。太嚴格肯定會失敗，太寬鬆也沒有用。規範必須嚴格得剛剛好，展現足夠的、人人都應遵守的權威，規範應該是大家都有辦法遵循的。

禪修也需要規範

禪宗傳統就是這樣建立起來的，一點一滴慢慢決定，由修行的人在修行中慢慢制定。我們不能強迫大家遵守規範。但是一旦建立規範就應該好好遵守，直到內容有所修訂。遵守規範跟是非善惡、方便與否無關。不假思索照做就對了。這樣你的心才是自由的。重點是不帶批判地遵守規範。這樣你就能明白清淨的禪心。建立我們自己的禪修生活，意味著鼓勵世人懷抱著身為人類的自覺，過更注重心靈、更適切的生活。我認為有一天美國人也將找到屬於自己的禪修方式。

唯有透過修行才能研究清淨的心。想要找到某種媒介、某種方法來表達與體現自己，是我們的內在本性。我們藉由規範來回應這種內在需求，而歷代祖師也不斷展現了他們的真實本心。藉由這樣的方式，我們對修行有了正確且深刻的領悟。我們必須增加修行的體驗，至少必須有一些開悟的體驗。你必須對一直在你左右的、恢弘的心有信心。

做得到！你可以做到！

你應該要把萬事萬物當成恢弘的心的表現。這不只是信仰，這是你無法否定的終極真理。無論修行與理解做起來是難還是簡單，只能做了再說。出家和在家都不重要。重點是身體力行——透過修行回復到你的真實存在，回復到始終與萬物、與佛同在的你，受到萬事萬物全力支持的你。就是現在！你或許會說，你做不到，但其實你做得到！就算只有一瞬，你可以做到！在這一刻，你做到了！就是此刻！這片刻的成功，意味著你隨時都做得到。只要像這樣懷抱信心，這就是你的開悟體驗。如果你恢弘的心裡抱持如此堅定的信心，你已是真正的佛教徒，有沒有開悟都無所謂。

不要往錯誤的方向尋找恢弘之心

所以道元禪師才說：「不要期待坐禪的人都能開悟，並且了解這顆始終與我們同在的心。」他的意思是，如果你認為恢弘的心在外面，在修行以外的地方，那你就錯了。恢弘的心一直與我們同在。所以我才會在我認為你沒聽懂的時候，把同樣的事說了一遍又一遍。禪不是只屬於盤腿打坐或特別有慧根的人。人人皆有佛性。我們都必須設法體現自己的真實本性。修行的目的是直接體驗人人皆有的佛性。用怎樣的方法都可以，只要能直接體驗佛性就行。佛性意味著覺察佛性。你的努力應延伸到拯救世上每一個有感知的存在。如果我用說的你還是聽不懂，那我就用打的！這樣你就會明白我的意思。如果你現在不明白，總有一天會明白。

總有一天，有人會明白。有人告訴我，有一座島正慢慢從洛杉磯飄向西雅圖，我會耐心等待。

一顆甚麼都沒有的心

我覺得美國人，尤其是年輕人，有很大的機會能悟出人類生命的正道。你們都不太受物質的束縛，而且你們開始禪修的時候都帶著非常清淨的心，也就是初心。你們都能正確明白佛陀教誨的真諦。但我們不應該執著於美國、執著於佛法，或甚至執著於修行。我們必須保持初心，這是一顆什麼都沒有的心，一顆明白世事無常的心。當下的色相均是短暫的存在。變化流轉，無法掌握。雨停之前，我們聽見鳥叫聲。即使在厚厚的積雪下，也能看到雪滴花與植物生長。東方已長出大黃。日本的春天來臨時，大家都會吃黃瓜。